山右叢書　　山右歷史文化研究院　編

大司馬張海虹先生文集

[明]張五典　撰　　　[明]徐光啓　校

田同旭　趙建斌　馬艷　點校

上海古籍出版社

圖書在版編目（CIP）數據

大司馬張海虹先生文集／（明）張五典撰；田同旭，
趙建斌，馬艷點校. —上海：上海古籍出版社，2018.6
（山右叢書）
ISBN 978-7-5325-8867-1

Ⅰ.①大…　Ⅱ.①張…　②田…　③趙…　④馬…　Ⅲ.
①張五典（1555-1626）—文集　Ⅳ.①Z424.8

中國版本圖書館 CIP 數據核字（2018）第 123904 號

大司馬張海虹先生文集
山右叢書

（明）張五典　撰　（明）徐光啟　校
田同旭　趙建斌　馬艷　點校
上海古籍出版社出版發行
（上海瑞金二路 272 號　郵政編碼 200020）
（1）網址：www.guji.com.cn
（2）E-mail：guji1@guji.com.cn
（3）易文網網址：www.ewen.co
浙江臨安曙光印務有限公司印刷
開本 700×1000　1/16　印張 11　插頁 2　字數 134,000
2018 年 6 月第 1 版　2018 年 6 月第 1 次印刷
印數：1-1,100
ISBN 978-7-5325-8867-1
G·686　定價：46.00 元
如有質量問題,請與承印公司聯繫

目　録

點校説明

《大司馬張海虹先生文集》（簡稱《海虹集》），明代張五典著。五典字和衷，號海虹，山西沁水竇莊人。萬曆二十年（1592）進士，授行人司行人，選户部江西司主事。萬曆二十五年秋，松江府上海縣（今屬上海）徐光啓被推薦參加順天府鄉試。張五典時任房官，在“落卷”中發現了徐光啓試卷，閲後十分欣賞，遂推薦給主考官焦竑。焦竑閲罷拍案叫絶，遂定徐光啓爲順天府鄉試第一名舉人，一時號爲得人。

萬曆二十九年張五典差管天津糧倉，升户部陝西司員外郎。張五典在政務之餘，重修《沁水縣志》。萬曆三十三年張五典因得罪朝廷權要，外放山東布政使司參議。又利用政務閑暇，實地勘察測量泰山高度，其與今天精密測量泰山高度的精確資料非常接近。完成測量後，張五典撰寫了《泰山道里記》，被稱爲科學測量泰山高度第一人。萬曆四十年張五典升河南按察司副使兼參議，先後平定南陽張西崗與嵩縣礦徒等民變，因升山東布政司參政，又平定青、登、萊等地民變。

天啓元年（1621），張五典升太僕寺卿。三月，赴任。四月，長子張銓死於遼東戰事。時年六十八歲的張五典聞訊，内心極其悲痛，又無法言表，遂作《哭兒銓遼陽殉節》二首，再作《祭兒銓文》、《再祭兒銓文》二文以釋懷。朝廷贈張銓大理寺卿，謚“忠烈”，又加贈兵部尚書，給三代誥命，廕一子錦衣衛指揮僉事，孫道濬承廕。天啓二年，張五典升南京大理寺卿。明年，乞終養，加升兵部尚書。三年後的天啓五年十二月，張五典病逝於家，終年七十三歲，朝廷贈太子太保。

據《明史·張銓傳》：張銓死難遼東，"銓父五典，歷官南京大理卿，時侍養家居。詔以銓所贈官加之，及卒，贈太子太保。初，五典度海內將亂，築所居竇莊爲堡，堅甚"。張五典親眼目睹了朝廷日益黑暗腐敗，各地民變兵變不斷；又曾親自處理過河南、山東等地民變，因預測天下即將大亂，朝廷無力保護遠離都邑的沁河兩岸百姓，遂於天啓年間修築竇莊城堡以自保。

竇莊城堡始建於天啓元年（1621），張五典告老回鄉後開始修築，張五典病故後，由其孫張道濬相繼主持營造，前後共歷時九年，於崇禎二年（1629）告成。

張五典死後不長時間，竇莊城堡建成不久，其生前預言便成爲現實，陝西果然發生民變。陝西農民軍進入山西，一路勢如破竹，連克州府，橫掃沁河流域，先攻破沁水縣城，殺死沁水縣令，再破陽城、高平等地，並攻破澤州州治晋城。但在竇莊城堡面前，陝西農民軍于崇禎四年（1631）六月初一打竇莊城，六月底二打竇莊城，崇禎五年八月三打竇莊城，皆敗北而去。

陝西農民軍在崇禎四年二次攻打竇莊城時，張五典已逝，其子張銓也死於遼東戰事，其孫張道濬正貶官戍守山西雁門，張道濬幾位兄弟皆外出未歸。竇莊保衛戰，完全得力于張銓之妻霍夫人。《明史·張銓傳》："崇禎四年，流賊至，五典已歿，獨銓妻霍氏在，衆請避之。曰：'避賊而出，家不保；出而遇賊，身更不保。等死耳，盍死於家。'乃率僮僕堅守。賊環攻四晝夜，不克而去。副使王肇生名其堡曰'夫人城'，鄉人避賊者多賴以免。"事件過後，張道濬繼承先祖遺風，勸說鄉人築堡自守。沁河流域自端氏沿而下，直至陽城境内的衆多村莊，紛紛仿效竇莊，先後修築了五十四處城堡，許多城堡至今保存完好，形成沁河流域一種特殊的城堡文化。

光緒《沁水縣志》卷八《人物·文苑》記張五典："著有

《張司馬文集》行世。"《張司馬文集》即《大司馬張海虹先生文集》（簡稱《海虹集》）十七卷，崇禎六年刻本，藏北京國家圖書館，屬善本古籍，爲海內孤本。清代光緒《沁水縣志》卷十一《藝文》，以及沁水《樾山志》中，收録的張五典六篇文章，均出自《海虹集》。另案，張五典曾在萬曆年間重修《沁水縣志》八卷，惜未傳世。

此次整理，即以北京國家圖書館藏崇禎六年刻本《海虹集》爲底本，參伍光緒《沁水縣志》及《樾山志》中所存張五典六篇文章，相互校勘。其他文章，無其他版本可作參校，則以《海虹集》爲底本而系統校正，作出"校勘記"。

《張海虹集》原書卷首有"沁水張五典著"、"門人上海徐光啓較"題署，今删去。

《大司馬張海虹先生文集》叙

萬歷丁酉，光啓謬膺鄉薦，實出沁水海虹先生之門。比時先生爲大行，啓從諸生後，摳衣請見，見其門如水，庭無臧獲，束修之間，無從入也，古之真廉潔也！既見，色莊而氣凜，嚴嚴壁立，古之真正直也！接辭以還，熟聆其議論，研精入微，古之真理學也！擘畫指陳，造次一言，確然可施用，而慷慨激烈之意，溢於眉宇，則又古之真經濟、真氣節也！既剝歷曹司藩臬，治績在冀豫青兗間，大都仁心爲質，而時出其智勇以濟之，有赫濯之功而不標其迹，有汪濊之澤而不居其名，古之真循良、真司牧也！既而嗣君忠烈公殉節遼左，榮晉鼎司，旋以太夫人春秋高，致政歸里，怡怡色養，其忠孝大節，海內宗仰若景星慶雲。而倏焉騎箕御飆，則莫不聞風悱惻，奚止及門之士懷山頹梁壞之痛而已！

三十年來，南北中外，無能朝夕杖履，所奉教於先生者，獨是歲時書問，片言隻字，皆法程矩矱。其大者在己庚之歲，啓在行間，先生所規誨以券諸數年之後，猶坐照也，而猶未得盡睹先生之著述，以爲恨。

頃，先生之冢孫司隸君數千里寄緘，則先生之全集已壽諸梨棗，而又命啓爲之叙。啓受而讀之，大都本原六經，探子史諸儒之精而用之，而根極要渺之處，能卓然獨見其大，故一切譚說義理不能隨人身後，而綜統至意，即以俟之百世，確乎不可易也。規政立事，猝不及思，劃然已解，智巧之士不能闖其藩籬，而盎然仁恩，若陽春之被物。其或同事異議，互有執詞，而先生所持，獨爲千古正經。即目前計效，亦終倍蓰相去以至無算。綜其實則響所稱無所不真者，一言蔽之矣，夫真者於物爲本爲實。本實者，其扶疏條散不如枝葉，其葩藻麗美不如華萼，而枝葉華萼者，於此成始焉，成終焉。故扶疏葩藻者不能爲本實，而能爲本實者，即有扶疏葩藻，不與易也。

先生之文，非不能繡其鞶帨，而意自夷然不屑。至於矢一辭建一畫，其關於身心性命者，必足以師世淑人；其關於謀謨政治者，必足以瀺潤庶類。無論雕章縟采者，不能與之程功課績，即經術經世自命而猶不能無徑庭，則真與不真，各自爲本末，所繇致相遠也。

啓不佞，竊以爲盡先生之用，足以登閟一世，復還古初，而仕止廷尉，繼乃以嗣君顯。嗣君又不能以其所得於先生，爲登閟一世之用，而以殉節聞傷哉！天耶？人耶？誰實爲之！然而先生之文具在，其志，其行，其文學，其政事，先生所自得與嗣君之所得於先生者，可考而知也。孫枝自司隸君而下，無不瓊敷玉立，稱其家世，而司隸君質有文武，枕戈嘗膽，食息未忘黃龍之北。藉令得遂其志，即直取宵宮猶反手耳，則以先生之遺教與世業卜之也。即第論先生之文，而猶以爲懸諸日月不刊之書，後之言真道德真事業者，莫能舍旃！謂余不信，請以俟之知言。

賜同進士出身、柱國光禄大夫、太子太保、禮部尚書、文淵閣大學士、纂修實録總裁、前吏禮兩部侍郎兼翰林院侍讀學士、協理詹事府事少詹事、左春坊左贊善、國史簡討、翰林院庶吉士、吳淞門人徐光啓撰

大司馬張海虹先生文集卷一

疏

天變公疏

爲怪徵異變，層見疊形，謹涕泣籲陳，恪修職業，懇祈聖明猛加省圖，直拔禍本，以救目前危亂事。

臣昨接太常寺少卿桂有根揭，稱天壇雷火，擊毀望杆。旬日間三奉明旨，一則云“省躬思咎”，一則云“且夕靡寧”，一則云“關係朕躬，知道了”。又以各修職業責之諸臣。除臣率屬痛加修省外，徐而思，思而懼，不覺其涕之無從也。夫皇上一聞灾祲，即誓修省，此不可不謂敬天之誠，而臣又何有過求哉？亦以頻年修省之誓，耳聞已熟，而軌轍如故；上天灾異之示，有加無已，而莫知所終。臣是以思而懼，懼而不知其涕之無從也。嘗稽從古天灾，史不絕書，然不過日食星孛，旱乾水溢而止耳。此但可謂之灾，而不可謂之異。惟夫山陵寢廟，命脉發源，水火風雷，次第見告，至郊壇望杆之毁，而變也極矣。談者謂其希覯罕聞，始共驚之曰“異”。臣愚以爲，此非偶然也。夫天下有非常之禍，必先有非常之徵；天下有非常之徵，必先有非常之感。則采權之害，所謂國家之禍本，爲域中第一可驚可異者是已，請得而畢其説焉。

蓋聖非堯舜，安能每事盡善？則一政之弗協，一念之不順，或亦人主之常，而未可盡非也。第未聞有家與爲仇，人與爲怨，舉普天率土，共罹荼毒，而漠然不爲置念者。皇上試清夜平心以思之，異耶？不異耶？

天聽至高，安能群情畢達？則一時之執拗，一人之齟齬，或亦人主之常，而未可盡非也。第未聞有數年苦諫，通國力爭，舉大小臣工，共虞危亡，而恬然獨利其灾者。皇上試清夜平心以思之，異耶？不異耶？

刻印銷印，安能拘小信之硜硜？則一言之寒盟，一諾之反汗，或亦人主之常，而未可盡非也。第未聞有形諸絲綸，布諸中外，舉皇天后土，共聞此言，而猶遷就以姑待明日者。皇上試清夜平心以思之，異耶？不異耶？

一日萬幾，安能親庶務之瑣瑣？則一念之倦勤，一事之委頓，或亦人主之常，而未可盡非也。第未聞有章疏概不下，缺官概不補，滯獄概不釋，朝講郊廟概不親詣，諸凡幾務，概從廢枯，而惟堅持以求勝其多口者。皇上試清夜平心以思之，異耶？不異耶？

之數者，當其始之嘗試也，未嘗不自駭其異。及其久而積玩也，不覺遂習以爲常。迨至今日，無不可試，竟無不可玩；無不可玩，竟無不可習。嘗怪夫舉天地古今，所共驚共駭，而視爲故常，乃其所爲非常，大可異者也。異以招異，則怪徵異變，又何必訝其層見而疊形哉？且是異也，不于山川陵谷，而于圜丘之望杆。天之意，若曰嚮日之避遠隱幽，或以爲無徵而不信，是咫尺者庶幾耳而目之矣。況杆以望名，固郊畿內外所共瞻望也。連年秕政日聞，而高高在上者，顧默不能啓，灾不能懼，業已大失下土萬民之望，其又何愛焉？而不一折毀其標之也？吁！以此思異，可知矣。異非譴告仁愛之虛稱，直關理亂安危之大故。惜也，先後進憂危之詞者，其幸而多言不中，得延旦夕，以至于今；其亦不幸，不一少驗，重秘禍敗以貽之後，則其爲目前之計，尚有徒事修省之縟儀，祭告之靡文已耶？謂宜申明舊旨，首議罷停，急脫民於湯火之中。然後將數十闕政，旦夕設誠而舉行焉。夫此所舉行者，非甚高難行之事。皇上萬曆初年，所已試之良法也。

萬曆之初，即皇上之常。皇上能復當年之常法，而無可驚可異，以駭域中。將見上天亦復協氣之嘗，應而無可驚可異，以駭闕下矣。如此而後禍本拔，如此而後亂萌消，如此而後萬靈禧國祚永。不然者，徒事虛文，罔神實政，則赫赫明威，其爲所侮玩也，屢矣。豈其再三譴告，不厭煩數，而終無如皇上，何哉？臣，民部也，司民言民。故感激異變，恭修職業，輒以生民利病泣請焉。時迫矣，伏惟聖明猛省而急圖之，臣無任悚慄待命之至。

又天變公疏

爲天心可思，民窮可畏，懇乞聖明急安民生以回天變事。

臣竊見郊壇雷火，望杆摧裂。聖心驚惕，戒諭修省，不啻再三矣。臣愚以爲陛下于此時，大需仁恩，力行善政，以答天譴。乃數日以來，自祭告而外，一未有聞也。夫事天以實不以文，區區一祭告之典，豈足以回上帝之赫怒乎？數年以來，日食星妖，山崩川竭，水溢旱乾，皆上帝所以譴告陛下，而陛下視之，恬不爲怪。然天心之仁愛未已，而災異之疊見無窮，于是回祿之災屢及于宮殿，風雨之摧層見于陵寢。迨長陵之明樓甫完，而天壇之望杆隨折。自臣民視之，若以爲災譴之告，愈近而愈切；自陛下視之，若以爲偶然之變，愈多而愈玩。昔年誓修實政之詔，竟托之空言；今歲驚惕修省之言，未見之行事。于此而冀以格玄穹，弭災眚，數之所必不得者也。臣待罪民部，其于一切修省事宜，未敢多及。惟以事關民隱，愛切天心，可爲弭災第一義者，爲陛下陳之。

蓋天之立君，原以爲民；君之代天，惟以安民。民生安，則天意悦；天意悦，則休徵應，而灾變消。自古及今，未有不然者。自有礦税以來，生民塗炭，海内窮蹙。停免之牘，無慮數百；危迫之言，無慮數萬。而陛下亦云："自有停止之日矣。"百姓日望一日，知陛下之大信必不爽。而陛下年復一年，視小民之疾苦若不聞。此圜丘之變，震怒雖出于上帝，而視聽則繇于下民也。不特此耳，昔年霪潦侵尋，飢疫相繼。京城畿輔，死亡太多，凋殘已極。近者，數日之内，大雨不止，川澮盈溢，將復成往歲之續。孑遺窮黎，何堪重困？恐揭杆一起，飢民雲合，將有不可爲者。陛下勿以灾異之來，屢至而屢不應也。

伏乞陛下深思天意，軫念民艱，亟停礦税，以保民生。而一切壅閼之政，漸次修舉，則陛下以畏天之心畏民，而上帝將以愛民之心愛陛下。景眂昭而瑞應集，何憂灾沴哉？臣無任悚息待命之至。

條陳馬政便宜疏

爲敷陳愚見，條上馬政便宜，以蘇民困，以裨國計事。

臣以庸劣待罪同牧，竊見海内干戈四起，兵餉日增；國勢危若累棋，民生蹙如沸釜。慚無救濟之策，亦不敢爲越俎之談。然在馬言馬，苟可以通變宜民，少資涓滴者，亦不敢嘿嘿而處于此也。我祖宗朝設種馬之法，隸之太僕寺。每年解運駒馬，寄養近郊，以備京營之用。至各邊戰馬，止發馬價，非取給于養馬也。自種馬變爲俵馬，官發價值，責民買解，而其弊始不可勝言矣。

臣歷任山東，悉知其弊。蓋每馬給銀三十兩，不爲不多矣。若遇良有司，儘可足用，不至賠累。苟非其人，官既扣除，吏更侵索，甚者徇勢豪之請囑，縱衙役之窩占，每馬一匹有五六十金者，有百金者，而民始不堪命矣。

　　近東省有官買吏解之法，稍爲通變，然此亦可與良有司道耳。不然，名雖官買，實則民賠，甚者剋減官價，以駑劣充數。臣每見山東之馬，多矮小不及格，正此弊也。及其解運入京，差吏與歇家串通，巧立名色，謬稱打點。而馬户所費，又不可勝言矣。至于寄養馬户，有淳良謹厚者，用心喂養，而或天灾倒死，則有賠買之苦。若奸猾之民，走差作踐，無所不至。是以倒損之報，殆無虛日，賠補之馬，累歲不完，有司且付之不問矣。至兑入京營，而營兵視馬爲恒産，晝則雇覓奔馳，將筋力之已竭；夜則伏櫪食糟，曾一飽之無時。

　　今京城滿街露骨之馬，即向之三十金所市，多方而致之者也。可值數金否乎？夫此一馬也，求之如彼其艱，而擲之若此其易，豈軍旅獨重，而民間之膏血不足惜乎？畜馬宜預，而國家之財用不可省乎？今若每馬止解銀三十兩，各州縣未有不樂從者。寄養之處免其養馬，每匹歲納草料銀七兩二錢，亦未有不樂從者。營兵每馬給銀十五兩，令其自買，亦未有不願領者。則每馬一匹可省銀二十二兩二錢，以萬馬計，則可省銀二十二萬有奇。當此兵餉旁午拮据難措之時，一調劑而兵不缺馬，民不受困，坐得二十餘萬金之利，所裨亦非淺鮮矣。

　　説者謂："營兵領價未必買馬，即買未必堪用。"宜令軍士買馬，仍赴本寺驗烙，果其中程，然後給價。説者又謂："京師買馬，恐無賣者。"不知人情趨利如鶩，苟懸市駿之令，則四方之馬當源源而至；若猶未也，則差官市之北邊。臣聞兵部員外王繼謨有言："曾領銀七萬，買馬七千二百餘匹，解赴山海，盤費草料，皆在其中，則是每馬不及十兩矣。"但差官須擇忠誠廉幹之人，不得妄付匪人，致有侵剋之弊。大抵邊馬之膘瘠不如俵馬，而骨力勝之。且馬之所貴者，不獨以膘壯也。況肥瘠係于喂養，又所不必計乎？臣故曰買馬便也。然臣爲此計，不過以國用匱乏，少濟一時之急。待事寧餉足，仍行俵解之法。無謂祖宗之制可終于廢置也。至于永平，鄰近山海，地方之凋敝可知。山東、直隸又曾經兵亂之處，均當寬恤，暫行蠲免。此在地方官，自有酌議，非臣之所敢知也。

伏乞敕下該部，再加查議。如果臣言可采，即議施行。仍移文各解馬州縣，如馬已買完，或解發在道者，速行交納；其未買者，俱令解銀一年，後不爲例，則民困少蘇，而國計少裨矣。

奉聖旨：該部知道。

時事疏

爲世局變幻，邪黨橫行，奸雄得志，隱患滋深，懇乞聖斷，亟行剪除，以保宗社，以正人心事。

竊惟自古國家之敗，皆起于朋黨。然有君子之黨，有小人之黨。君子志同道合，常欲袪小人，而其術則疏，故小人未袪，而身先受其禍。小人比德淫朋，常欲逐君子，而其謀則巧，然君子已逐而小人亦不免于禍。兩者之禍，不但中于身，而且中于國家，自三代以迄于漢、唐、宋，其已事皆可考而鏡也。至于今日，則其謀愈詭，其計更深，君子、小人幾不能辨。小人欲附君子之名，以行其私，故多方夤緣，曲爲投合之謀；君子不知小人之奸，而墮其術，故極爲護持，多爲援引之計。

顧憲成講學東林，豈不粹然君子哉？李三才橫肆于淮上，用段然、于玉立、黃正賓等之謀，誅鋤善類，徑欲大拜，而懼人之不己附也。乃投身于東林，朝夕餽遺，問候之使絡繹不絕，憲成受其餌而不覺也。及三才穢迹暴露，指摘交加，而憲成不得不出書以救之，而品望不無少損矣。至于公論不容，卒致削籍，亦可已矣。而多事者又爲已甚之求，被以盜木之名，厚加絀辱。三才力雖不勝，而其心曷肯甘也？鷙伏蠖藏，待隙而動耳。先皇御極，簡用老成佚逸之士，而鄒元標、馮從吾輩，一時彙征。海內之士想聞丰采，以爲太平可立致也。乃東林之徒爭先景附，巧爲進取之術，而二人不之覺也。于是，開講席于都門，一時賢者皆入其籠絡。而向者三才之黨，津津向用，要路顯秩，咸爲所據，氣焰薰灼，莫敢嚮邇。操吏兵之權，握進退之柄。苞苴公行，是非顛倒，而二人亦不之覺也。及朱童蒙一疏指摘，而二人飄然去矣。奸人且借驅逐理學之名，以箝天下之口。夫二人之出處，固皭然無可疵。然當多事之時，被知遇之隆，處尊顯之位，無能爲國家建一籌，行一法，知其不可爲，而借驅逐之名以去。又二人之巧于自爲，以成其高，而實不知其奸黨，借爲主盟，以貽天下後世之禍也。

然奸人之計又不止此，恨舊輔方從哲之驅除黨類也，又揣孫慎行怨從哲不爲推轂也。于是乘其秉禮之初，即造一彌天之謊，謂紅丸爲弒逆之藥，從哲爲弒逆之人。欲以興大獄而居首功，且以快報復之心。于時閣臣韓爌直述當時情景，以明先帝考終之愛。而奸黨忿然不平，業已草疏參劾，已而又恐干連黨首張問達，遂爾中止。且猶造爲"大東"、"小東"之說，"美女佩劍"之談，將以伏禍胎于他日，以爲三才得志藉口之資，不至族舊輔不止也。吁！其計亦險且深矣！

東林之中，未嘗無君子，而意向常與小人合；攻東林者，未嘗無小人，而意向常與君子同。辛亥京察，東林爲政，而攻東林者黜，然猶什之二三也。丁巳京察，攻東林者爲政，而東林黜，然猶什之四五也。今歲京察，東林復爲政，而攻東林者一網盡矣。其始也，東林爲一黨，攻東林者又爲一黨。厥後，則有觀望黨，有平持黨。及至于今，則觀望、持平者，盡化爲東林，而攻東林者無置足地矣。前年，緝獲劉保之時，都中喧傳，謂奴酋發來令箭八百枝，悉藏于李三才之家，即未必然，而人言若此，亦自有因。三才伏莽近郊，有識者且爲寒心，而況假虎以翼，飛而食人，孰能制之？一聞推用，里巷小民無不驚惶而咋舌。竊謂科道諸臣，豈無一二敢言之士？不意静聽月餘，竟無有一人启口者。蓋奸黨多而勢焰盛，不敢以性命爲嘗試也。臣于三才素未識面，誠不知其爲人。但每讀參論三才之疏，未嘗不髮竪而魂摇也。夫以三才之作用，與諸奸之推戴，今日暫起留計，倐而管樞，倐而銓衡，倐而平章。至于平章，將盡逐元老，而惟其所欲爲，英雄手辣，彼肯自食其言？即未必能如操如莽，而梁冀、董卓固其所優爲者。彼時即梟首燃臍，亦無補于國運之顛危矣。皇上若以臣言爲不信，試取數年以來參論三才之疏，彙爲一帙，懸之國門，俾輿人誦之，彼奸黨推戴者，寧不汗顔而喪氣也？

伏乞皇上大奮乾斷，將三才立行罷斥。凡推戴三才者，分別重輕量行議處。俾天下後世知理學自爲理學，而奸黨不得溷其中；奸黨自爲奸黨，而理學不至受其玷。人心正而世道清，社稷靈長之運，亦不至爲凶人所窺竊矣，臣無任悚息待命之至。

遼事疏

爲國恤家難并殷，慟子憂時俱切，謹效蒭蕘，以雪讐憤，以安宗社事。

伏接邸報，遼陽城陷，臣男巡按御史張銓罵賊不屈而死。爲臣死忠，臣復何恨？惟是臣男奉命巡方，非有封疆之責，經臣勸行不可，卒以身殉。忠肝義膽，真不負生平，不負皇上，皇上豈肯負臣男？追恤之典，自有輿論，非臣之所敢干也。

至于邊患切于剥膚，國勢危于累卵，條上封事者，不啻充棟汗牛矣。么麼外吏，豈敢與聞？而憤激感慨，少有一得，亦不敢不爲吐瀝者。奴酋陷遼之後，搜括財物，宣淫婦女，戕殺壯丁，遼人怨之深入骨髓。一生員以父子六人奮挺，而殺二十餘賊，無敢攖者。使人皆若此，何憂奴酋？彼時金、復、海、蓋之民，雖云逃避，無處棲身，必皆團結山巖，以待救兵之至。此時，若有三三萬[一]精兵，用我憤怨之人心，繫彼驕淫之惰虜，一舉而奴酋擒，遼瀋復矣。惜乎！其不能也，而今已矣。

今之所患，惟夷虜合謀，沿邊入犯，薊永、昌平皆其蹊徑。近報奴酋借西虜兵二萬，殺死大半，而又分財不均，此其際可乘矣。若以厚糈啗西啖，以舌辨之士挑激而離間之，則奴酋必不敢窺左足于河西，此當今第一急着。邊臣屢言之，願廟堂無掣其肘也。虜患少緩，則當亟修備御之策。經臣薛國用、撫臣王化貞、道臣張應吾，所議防守之謀，皆訏謨石畫，鑿鑿可行。而惟以無兵爲苦，則調兵不可不亟。川、貴、浙兵雖至神速，亦須五六個月無及矣。謂宜先調近兵三萬，以固三岔河之守，俟遠兵畢集，徐謀撻伐之可也。至于内地募兵，勢不容已，然亦難言之矣。出關十三四萬人，所餘幾何？出者不入，而居者又去，誰其與我？即強之以威，啖之以利，亦有應命者，而心不親附，技不服習，徒飽敵人之鋒耳。誰非赤子，而忍令若此也？

直隸、河南、山東多有豪家大姓，剽掠魁渠，調鷹走犬，御貨椎埋，結黨成群，縣官不敢問者。臣向在東萊，有平度犯人李淳然等四人，皆魁岸雄姿，橫行閭里，人皆樂爲之用。臣雖治以戍邊之法，未嘗不惜其才也。如此輩者，實繁有徒。若寬其法網，假以威權，爲首者即予以官職，令各率其黨，而以有能之將御之，彼其氣可鼓，而其藝可用，勝于農畝市井之人百倍矣。唐不用朱克融，而河北亂；亞夫得劇孟，而知吴楚無能爲，此非其明效大驗哉？有兵而無將，與無兵同；有將而無能，與無將同。韓信以羈旅登壇，衛青以奴隸佩印，善用將者，何必世冑階級？今何拘攣，而不變通也？豪傑之生，代不乏人，孰謂草澤之中，無奇傑之士？第恐明珠投暗，如張浚之抑岳飛，徒短英雄之氣耳。法令者，人主御世之大柄也。昔年逃兵付之不問，今歲援兵遂多效尤。浙兵逍遥于海上，寧夏之兵奔還于臨洮，所過搶掠，城門畫閉，其漸又安可長也？

國家之勝氣，以元氣爲主；國家之元氣，以人心爲主。自軍興以來，敲骨吮髓，已無不至，而民間無名之費，殆又倍之。如召兵一名，官給安家銀十兩，而民間私幫有二三十兩者；造船一隻，官給價銀一百五十兩，而所費有四五百兩者。援兵經過，驛遞供應草料、飯食之外，無名之需索不厭不止，驛官甚有投井自經者。憊累消耗，海內皆然，而北直、山東、河南爲尤甚。今遼東十八萬兵之餉，似可稍減，則三省之加派亦可少蠲。不然獸窮則攫，人窮則亂，恐土崩之勢不在遼左，而在中國矣。

登萊與賊僅隔一水，防守事宜，已有撫臣調度，臣不敢言。凡臣所言，非有奇謀殊策，以取勝于一時。大抵今日之急圖，與將來之次第，不越于此。第恐悠悠泛泛，築室道旁，夷虜一入，而大事去矣。

臣本書生，未諳軍旅。但具血氣，心知其所自欺，敢居人後？況國步多艱，天性至戚，切齒疚心。豈不欲身列戎行，一當奴酋，剖其心，飲其血，以上雪國憤，而下報私讐？但臣母今年八十有八，慟苦難堪，風燭可慮。臣輾轉思維，方寸已亂，疾病頓生，業已具文撫按，乞休歸省，靜候代題。臣男捐七尺之軀，盡忠于國；臣效一日之養，盡孝于家。以皇上之威靈，諸臣之忠藎，俾奴酋早滅一日，臣得安處田里，則分願畢矣。

伏乞敕下該部查議，如職言可采，亟付施行，臣無任激切待命之至。

乞休養親疏

爲聖主恩寵過隆，慈親劬勞未報，懇乞皇上俯容休致，以安愚分，以伸子職事。

臣以草茅荷國厚恩，竊禄三十餘年，碌碌庸庸，靡所比數，涓埃可報，踵頂何辭？況當多事之時，詎敢言去？惟是臣母在堂，今年八十有九，風燭不定，豈人子遊宦之時？昔年遼陽之變，臣男御史張銓死節，臣繇山東右布政使升授今職，回里省母，臣母大慟，謂臣曰："銓兒壯年出使，竟不生還。爾已衰暮，不可再出。"臣唯唯受命。今歲五月，臣孫張道濬欲赴闕陳情，爲臣男乞加贈之典。臣母復謂臣曰："道濬少年遠出，愈縈懷抱，爾可與偕往，隨即偕來，毋使老母懸望也。"臣與母泣別而來，到任受事。道濬比例上請，復有科臣尹同皋之疏，俱蒙俞允，下部查覆。于是臣男加贈兵部尚書，准給與應得誥命，且于都城本鄉各建祠致祭。臣孫道濬，亦補錦衣衛南鎮撫司僉書。一時恩寵之隆，出于望外。臣感激洪恩，敢不勉力報效，而復有私便身圖之舉？臣豈無人心者？第臣孫道濬以父死博官，于心未忍，復有《乞休養母》之疏，亦蒙聖恩，准其回籍。但思道濬之母，臣之兒婦也。堦前之婦，雖有疾病，未及五旬，且得受臣孫之養。堂上之母，逾耋近耄，朝夕難保，而臣猶戀戀，不思爲菽水計乎？不惟有負于母，有愧于孫，而且無顏立于天地間矣。況臣年近七旬，筋力已衰，不堪驅策，而臣職司厩牧，又非難勝之官。臣一衙門，添注二十餘人，濟濟賢哲，皆堪任使。則國家視臣，不啻九牛一毛，何足爲有無？而臣母于臣，朝夕倚閭，則太山九鼎之重也。但臣有弟，不得援終養之例，臣雖屢弱多病，未至危困，亦不敢托疾以欺皇上，而"致仕"一條，具在《會典》。臣故敢昧死仰祈聖慈，憐臣苦情，容臣休致。臣得奉母于田里，不惟臣烏鳥之情得以少遂，而皇上孝治之典，亦有光矣，臣無任悚息待命之至。

奉聖旨：張五典有子死忠，簡任方新，不准辭，該部知道。

引年養親疏

為遵例引年，懇乞天恩俯容休致，以全晚節，以伸子職事。

竊惟四十入官，七十致仕，古之制也。我朝著為令典，凡內外官員，年至七十者，得引年致仕。蓋一以寓澄汰之義，俾衰朽者無曠廢之虞；一以弘優恤之仁，俾頹憊者遂安逸之願；一以勵廉恥之節，俾貪冒者無固戀之私。自匪碩德耆英，壯猷元老，身係社稷之安危者，未有不聽其自便者也。

臣自三十九歲叨列仕籍，竊祿三十餘年，生平碌碌，無一善狀，今年七十矣。頃以京察，自陳不職，計必幽黜。不意聖度寬弘，容臣供職。臣仰荷高厚之恩，宜竭涓埃之報。然臣桑榆景晚，蒲柳姿衰。蝸涎有限，寧堪粘壁之枯；駑力已疲，立見長途之敗。且臣司問馬，馬之齒長者，臣得而汰之。皇上之視臣，猶臣之視馬也。臣齒長矣，正皇上之所宜亟汰者，儻猶戀戀棧豆，則臣之自待，不若待馬，亦何顏與執鞭之役相究詰也？況臣之當去，猶有不止此者。母九十矣，高堂切倚閭之望，遊子懷陟屺之思。舞斑衣于膝下，情欲效于老萊；望白雲于山巔，念豈殊于仁傑？臣縱不為身計，寧不為母計？皇上縱不念臣之衰，亦當念臣母之老，則臣之當去，皇上當聽臣之去，無容再計者也。

伏乞敕下吏部，查照例典，容臣休致。則既得免瘝曠之罪，又得伸菽水之情。臣與臣母皆得荷聖恩于無窮矣。臣無任懇祈待命之至。

奉聖旨：張五典著照舊供職，不准辭。該部知道。

給假養親疏

為引年未遂，思親益切，懇乞聖恩俯容，給假歸省事。

臣以行年七十，遵例乞休，未蒙俞旨。臣仰荷聖慈，豈無犬馬戀主之心？但臣年衰才劣，不堪驅策，已具陳于前疏，未敢再贅。惟是天性至情，不能自已，敢再瀆于皇上之前。

臣惟天下之至難得者，壽也。臣母九十，臣年七十，人世所不嘗有者，而臣幸有之。此皇上培養之恩，亦臣家門之慶也。然使九十之母望兒之眼常穿，七十之子思親之念常鬱。諒皇上孝治之心，必不令若此苦也。臣自別母而來，幾一年矣。臣未嘗一息不念母，而臣母未嘗一息不念臣。臣母每遣家人來京，必囑之曰：“兒必早來，毋若銓兒不來也。”臣每聞此言，輒為痛哭流涕。蓋以臣男死難，已傷慈母之心；而臣久不歸，益勞慈母之念。是以，或當食廢箸，或終夜不寢，神情日耗，精力日疲，漸有委頓之狀。臣及今得侍膝下，亦恐為日不多。況天下有不可知之事。若臣母有風燭之虞，則臣罪日深；臣或有朝露之患，則母心益戚。古人有不以三公易一日養者，況臣以冗散之職，豈其雞肋戀之，而不為菽水計？臣見近來科道諸臣，到任兩三月，給假歸省，皇上未嘗不允者。彼以壯年要職，且不難曲體其情，況衰暮如臣，冷局如臣，去留不足為有無，皇上豈獨靳之哉？

伏乞敕下吏部，再加查議，容臣歸省。庶烏哺之情，得以少紓，感荷天高地厚之恩于無窮矣。

奉聖旨：張五典才品俱優，且見管馬政，着照舊供職，吏部知道。

再乞休養親疏

為老母身病，懇乞天恩俯容休致事。

竊以人臣事君，無以有已。苟身非至于衰頹，親未至于大耋。方將竭股肱之力，以資祿養之需。何敢數數陳乞，以便私圖也？乃臣今年七十有一矣，臣母九十有一矣。臣昔年待罪太僕，屢疏乞休，未蒙俞允。尋蒙聖恩，移臣今職。便道過里，得遂省覲。戀戀庭幃，不忍遠離。臣母謂臣曰："君恩不可負，臣職不可曠。爾當暫往，無以母老為念。"臣勉遵慈命，灑泣而別。回首白雲，未嘗一刻不在念也。乃積思成鬱，積鬱成火。又以南北水土不同，入春以來，溫濕之氣，交侵于衰弱之身。于三月十七日，忽爾痰逆，幾致殞喪。雖灌救得蘇，而心思恍惚，神情昏憒；嘔泄交作，飲食不進，日有性命之憂。儻不蚤圖歸計，恐溘焉朝露，旅襯異鄉，益傷臣母之心，愈成不孝之罪矣。臣又見諸臣乞休者，皆蒙聖上加賜職銜。臣之庸劣，叨任大理，已屬逾涯，豈敢妄覬？惟是臣男張銓死難遼左，已贈兵部尚書。臣父母及妻，皆受二品恩典。獨臣以見在仕籍，未蒙賜給。今臣衰病，不堪驅策，當終老林壑，無復仕進之望。則臣向者未受職銜，或蒙恩賜，則出自聖裁，非臣之所敢必也。

伏乞敕下吏部，查照舊例，容臣休致，以便歸養，仍照臣男品級，加賜職銜。則不惟臣母子未終之年，皆皇上再造之恩；而臣未沾之寵，亦得以荷非常之澤矣，臣無任懇祈待命之至。

奉聖旨：張五典才品素著，簡用方新，乃以母老控陳，情詞懇切，准歸省侍養。應加職銜，該部即與題覆。

終養謝恩疏

為恭謝天恩事。

該臣于本年三月內為親老身病，懇乞天恩俯容休致事。奉聖旨："張五典才品素著，簡任方新，乃以親老控陳，情詞懇切，准歸省侍養。應加職銜，該部即與題覆。"欽此。

臣一接邸報，即扶病歸里。臣母尚健匕箸，臣仰荷孝治之恩，私衷不勝慶忭。至八月內，又接邸報，該吏部題覆前事，奉聖旨：張五典准加兵部尚書，終養，仍候起用。

臣聞命自天，措躬無地，除恭設香案，向闕叩頭外，仍應具疏陳謝。伏念臣草茅賤士，樗櫟庸材，早蒙作養之恩，幸厠冠紳之列。十年使署，徒供奔走之勞；五載計曹，曾乏籌畫之益。迨藩臬之屢遷，愧翰屏之罔效。繼司閫牧，愈見疲駑；載晋棘卿，詎稱明允？丹衷未罄，寧無戀主之心？青鬢已凋，每切依親之念。烏鳥陳情，幸徼俞旨；夏官進秩，復荷隆恩。履曳星辰，雖未趨蹌于朝宁；名依斗杓，業已炳焕于庭幃。叨冒逾涯，已愧非常之寵命；衰殘過甚，何當起用之殊綸？榮隨恩至，感與愧并。養親莫大于尊親，已遂顯揚之願；而盡忠乃所以盡孝，敢忘稱報之情？

伏願皇上，清心寡欲，養粹頤神。倚元老爲腹心，忠謨必納；待群臣如手足，戇直必容。邪正分爲兩途，宫府視爲一體。疆圉未寧，則留心于選將練兵之策；中原坐困，則加意于寧根固本之圖。將見朝廷有道，而四夷咸賓；庶寮靡爭，而萬方底定。臣與臣母，安享太平之盛，而永祝聖壽于無疆矣。臣無任悚息瞻戀之至。

奉聖旨：覽卿奏謝，知道了。該部知道。

校勘記

〔一〕“三三萬”，疑當作“三萬”。

大司馬張海虹先生文集卷二

議

講學議

某生而顓蒙，少從先君學，自舉業制義外，嘗手授《明道語錄》及薛文清《讀書》、《從政》二錄。曰："此吾家世所服習者，可以修身，可以應世，小子誌之。"余服膺而未敢忘也。第生居僻陋，師友不多，見聞未廣，竊嘗以寡昧爲恨。既通籍，乃聞海內大賢，有鄒南皋先生，講學于江右；馮少墟先生，講學于關中。明道淑世，繼往開來。又以職守是拘，不得往從于門墙之下。

今歲入都，聞二先生弘開講席，接引後學。一時從講者，皆名公鉅卿，高賢宿學，不勝欣慕，摳衣往從焉。見其齒讓雍雍，儀文簡蕭；談論亹亹，剖析精微。已而，馮老先生講"吾十有五而志于學"一章既畢，鄒老先生云"孔子七十從心不逾矩，今人若七十能志于學，可矣。"余聞之，悚然自愧，歸而自失者久之。

越數日，有客來顧者，問曰："聞子亦入講學會乎？"

余曰："然。"

客曰："講學，爲道乎？爲名乎？爲利乎？"

余曰："講學，以明道耳。何名利之與有？"

客曰："講學，美名也。因美名而得厚利，人情乎？"

余叩其說，客不深言，唯唯而去。越數日，有朱掌科之疏，及二先生與鍾老先生之辨疏。客復來，顧曰：“朱掌科與二中丞之疏，孰是孰非？”

余久之不能答，乃徐思之，曰：“皆是也。”

曰：“何以言之？”

曰：“掌科之意，恐其植黨；中丞之意，在于作人。義各有攸當耳。”

客曰：“自古人臣，亦嘗有居要地而講學者乎？”

余曰：“孟子嘗爲卿于齊，齊王曰：‘我欲中國而授孟子室，養弟子以萬鍾。’此非爲卿而講學乎？”

客曰：“不然。孟子欲去，已不爲卿。若爲卿，則不講學矣。且子亦知朝廷設官之義乎？官者，管也。各有所管也。授之官者，若將域其身，使不得旁騖；□〔一〕之官者，亦宜自域其身，不得外營。堯舜之世，五臣各有所司，而明倫之任，契獨任之。禹、稷、皋、益雖有明聖之德，不得侵教人之權也。國家設官，在朝廷之上，有大學士，有學士、侍講、侍讀之官；國學有祭酒，有司業、博士、學正之官；省直有提學，郡邑有儒學，各有專官，皆以‘學’名也。若山林隱逸，不居其位者，則有‘道學’、‘理學’之名，聚徒講學，非居官任職之事也。《易》曰：‘君子思不出其位。’子思曰：‘君子素其位而行。’今中丞之位，何位乎？以總憲而務講學，則學士、祭酒亦可明刑乎？”

余曰：“子徒以職掌言耳，若書院之設，何嘗不可？鄒老先生不云乎？‘琳宮梵宇，充滿京城，何可無書院？’”

客曰：“僧道寺觀，亦有主者。若僧會道會，都綱住持，皆有職名，屬在禮部，不相侵越也。若建書院，可另設一官主之乎？將屬之翰林院乎？國子監乎？抑屬之都察院乎？且今日以二公爲主，他日將誰爲主？寧無聚徒黨，而起事端乎？”

余曰：“子可爲深慮矣。然仕優則學，自古言之。馮老先生不云乎？'陽明當兵戈倥傯之際，不忘講學，卒能成功。'今何不可講也？"

客曰："不然。王陽明能了得兵旅事，故可言優。今都察事能了得否也？"

余瞿然曰："子何言之謬也？鍾老先生不云乎？'案無留牘，庭有餘暇，何事不能了乎？'"

客笑曰："噫嘻！有是哉？都憲何官？而以案牘言耶？恐顧佐聞之，當笑人于地下矣。都察院雖兼總六曹，而法司尤其專掌。孔子爲魯司寇，攝行相事，七日而誅少正卯。今天下罪浮于少正卯者，豈無其人能誅之否耶？朱掌科謂'法度未飭，風俗未美，刑罰未清，民生未奠，賢者未進，不肖者未退，貪穢邪險之未盡化'，此正對症之藥。而鄒老先生一言以蔽之曰'講學'，曾不言作用之何如，此何異釋家所謂'一説法而天雨花，魔神伏'者耶？子路聞過則喜，禹則善言[二]則拜，既不能傴僂受之，而猶屑屑與之辨，此亦客氣之未融，殆不止學問之小疵也。且掌科'邪險未化'之一言，蓋深有恫于當世之人情，開其端，尚未竟其説也。今日之人情何如乎？趨利則狗苟蠅營，避難則蝟畏蝠伏，占風使舵，覆雨翻雲，意所欲則升之青雲之上，意所抑則擠之泥塗之中。噂噂沓沓，吐肝膽于促膝之間，而轉眼便爲胡越；唯唯喏喏，輸情愫于立談之頃，而背面即肆譏評。意氣稍殊，即親知故舊，不難爲下石之謀；趨操微異，即修士端人，亦且被載鬼之謗。長安中此輩實繁有徒，然又依附于大有力者，而後可藉之以行其私。今之大有力者，孰過于總憲乎？彼其職可以進人，可以退人，可以生人，可以殺人。呼吸爲風雲，咳唾爲雨露。此輩潛伏而窺其際，方患從入之無路，而又開講學之門，以招之乎？萬一闖入其間，藉講學爲護身之符，變亂黑白，顛倒是非，一有敗壞決裂之時，則人將指之曰：'此講學之徒也。'豈不辱聖賢，而羞當世哉？"

余曰："方今在講席者，非黃髮大老，即少年雋髦；濟濟師師，且以爲極一時之盛。子何爲不必然之慮耶？"

客曰："天下有不必而必然者，勢所必至也。語曰：'人心不同，有如其面。'我方以大公無我之心，爲成德達材之舉；彼且以攀援依附之私，爲假虎藉叢之計，今之人情大都若此。當局者迷，旁觀者明，子局中人也，安能辨是非乎？"

余曰："如子之言，是非真不可辨？余將質之二先生，且以質之天下後世，其是其非必有能辨之者。"

黔餉會議

黔省危急，蜀滇未靖，其勢不在遼左之下。則厲兵措餉，誠拯溺救焚之要務，然不可以空言應也。請發內帑，則二十萬之外，恐未易多得。而各衙門之借動，與別項之搜括，皆風影之談，必不得之數也。竊計向日加派，爲遼餉耳，今遼瀋、廣寧已失，止有榆關、登萊、天津與海上毛將之兵，較之往日，可省什之四。除山東用兵不計外，而北直、山陜、河南、南直、浙江、福建所派之數，似足以供遼餉。而四川、湖廣、兩廣、雲南，再益之江西，盡以予三省用兵之費，無論加派，即正供當解者，亦聽其支用，完日銷算，各就近便速解軍前，庶可不誤於用也。若必他方湊處，求之未必可得；即得矣，而遠水豈能以救近火也？然滄海不實漏巵，山林不供野火。自軍興以來，朝廷百計搜求，小民萬苦供辦。而用之如泥沙，擲之如草梗，若乾没者，若冒破者，若誆騙者，動以數十萬計。而今日查核，明日清算，卒歸之無何之鄉，國計安得不窘也？竊謂三省之餉，宜擇一廉慎司道，綜其出納。而按臣時爲查核，毋令復有詭冒之弊，庶餉可足而兵克有濟矣。

款虜會議

天下之事，有常有變；而應天下事，有經有權，則今日款虜之議是也。以經常論，則費百萬之金，貽後日之患，計之舛也；以權變論，則惜一時之費，招目前之禍，計之更舛也。

西虜住牧關外，以待撫賞。今日不決，明日不定。無論虜怒而歸，奴酋乘之，又恐其挾賞不得，忽焉蠢動，則山海之變，不在東夷而在西虜矣。然虜性最貪，又最狡，或徼惠中國，而復受奴酋之啖，首鼠兩端，終無可恃，則百萬之金，豈容輕擲？必其實與奴絕，實爲我用，而後可信。插血吮刁[三]，盟神設誓，皆未足憑。

孫得功獨守廣寧，西虜擒之，易如折枝。若其俘獲來獻，繇此而漸圖河以東，百萬之賞不必吝惜。若只以虛語支吾，我亦應量予以羈縻之，而仍須隄防反覆，不可輕信也。然今之講撫賞者，在我類多武弁雜流，在彼亦皆狡猾部落。彼此串通居間爲利，而虜酋之真情卒不得。計惟忠實文臣，爲虜所信服者，與之面講，然後可得也。

王化貞棄地之罪，必不可貸。然撫賞之議，起自化貞，而且爲虜人所素服。若使之戴罪和虜，直入穹廬，探其心腹，若虜就約束，能爲我出死力，則化貞之罪可贖。若然，即死於虜庭，亦不過爲我誅罪人耳。

然款虜今之急着也，而非本務也。修垣墻，練士卒，飭器械，汰冗冒，清糧餉，亦漸次舉行矣，而皆非其本，其本在得人心。邇來人心之渙散，未易收拾；士氣之懦怯，未易鼓舞，此其責在將帥矣。戚繼光有言："大將與偏裨，偏裨與士卒，必情意聯屬，人人有管鮑之知，方可望其同心戮力。"又言："欲得士心，非必金帛之賞，刑罰之加。一動一静，一語一默，皆可爲賞罰。微乎微乎，妙不可測。”今之士卒，可與同生死者，惟邊將之家丁。聞祁秉忠出關三百人，爲有力者所分奪，止餘百人。及其臨陣，各兵潰散。惟此百人與之力戰，殺賊數百，力屈而死。使遼將人人得士如秉忠，安至一敗塗地乎？此得人心，其本也。

其次莫若用人。自有遼事以來，所用者非已冷之爐，則躍治[四]之金，其以才望用者，僅一二見也。彼以復燃取捷，以嘗試見奇，虛憍恢誕，而聽者不察，安能不敗天下事乎？

其次在收群力。夫用武將與文吏不同，偏裨又與大將不同。善乎！許洞之論曰：“兵家之所利，隨短長而用之也。善撫者，勿使格鬪，慮其愛人而無勇也。善保者，勿使進攻，懼其緩而不猛也。多方者，勿與決事，慮其猶豫也。多勇者，勿與謀敵，慮其過輕也。精悍者，使鬪。果敢者，使攻。沉毅而性執者，使據險阻。見小而貪者，不可使守儲蓄。智而善斷者，可擇其言。輕健者使誘，剛愎者使當鋒，利口者使行間。善鼠竊者，使盜號探令。惡言多罵者，使揚毀訾詈，妖言詐詞。善張皇鬼神之説者，使之揚聲惑衆。明七曜、占風雲、曉六壬、善卜筮者，爲占候用。”此收群材之法，主將不可不知也。

其次莫若重責成。治天下者如理家，耕問奴，織問婢，各不相侵也。今以武臣治軍旅而文臣監之，每鎮監軍又不止一人，十羊九牧，動輒掣肘。聞瀋陽之監軍，詈辱大將，至以掌批其頰，而賀世賢叛。近日山海之贊畫，捶笞裨將，而士伍譁，又安能責之成功乎？職以爲軍機所在，即經略無得中制。如李愬入蔡，而裴度不得與聞是也。故善將者，制其功罪，而不制其事機，則將可樂於用命矣。

其次莫若重事權。遼東雖失，而山海尚存。將吏之賢否，錢糧之出納，兵甲之鈍銳，士卒之甘苦，皆巡按之責。今以關差攝之，恐鞭長不及馬腹也。川貴稱兵，特設總督，重其事也。今妖人之亂界，在四省之間，各不相統，恐彼此關望[五]，不肯盡力。莫若以總理河工，加一總督之敕令，四省之兵得以調用，庶職守專而兵力齊，早奏蕩平之績矣。

次[六]莫若昭獎勸。廣寧之變，劉渠與祁秉忠同死。劉渠已蒙恤，而祁秉忠尚未沾恩，諸臣之逃者相望矣。而張應吾獨守信地，此非膽力過人者不能也，獨不可一褒獎示勸乎？毛文龍以二百兵遠出海波，生擒逆賊，業已元戎酬報矣。王紹勛以八百兵困守寬奠，賊莫能剋，其功不在文龍之下，且其人意氣飛揚，不肯下人。而今以屬文龍節制，恐非所安也。況一棲不容二雄，可不并加總戎，撤一人回山海任用乎？

其次莫若慎財用。加派搜括，非得已之計，而民脂竭矣。若招兵造械，與藉資寇盜者不必論，其頭緒可尋。藉資寇盜者不必論，其頭緒可尋，竟莫究詰者。如姚宗文《清查遼餉疏》內云：起解未到餉司，各道截留者數十萬，竟不言其某人留某項用也。造車、造船、買牛、買騾，豈止十餘萬。牛騾已死，而車船存否也？梁之垣宣諭朝鮮，給銀二十萬，半屬借用，半委波臣，而竟何得朝鮮一臂之力也？凡若此類，不可枚舉，何啻泥沙？自茲以後，凡屬無益，皆可報寵，庶省一分則一分之用也。

職待罪同牧，非有言責。但自入都以來，見四方多事，疏滿公車，忠謨石畫，或言而不行，或行而不力，患切剝膚，不止杞人之憂天也。敢因撫虜之議，並效蒭蕘，得免越俎之譏，幸矣，謹議。

均糧議

爲議除賠糧，以恤偏苦，以蘇孑遺事。

竊照國家分土授民，小民任土作貢，此上下兩利之道，而古今不易之法也。唯是弊孔起于一時，而遂成莫解之患；灾害浹于累歲，而終無救援之策。若本縣之有糧無地，與地去糧存者，兩者皆小民切骨之害，不可不爲之嘔計也。

夫所謂有糧而無地者，則固縣中等里之屯糧是也。所謂地去糧存，則端氏中等里之河塌地是也。本縣地最瘠民最貧，即有地有糧，尚且追徵不前，況無地而納糧，其誰堪之？今日之逃徙，業已將盡，而將來之賠累，又且轉及于他人矣。于此而嘔爲之調劑，則已去者，尚可冀其復還；而未去者，亦可保無他徙矣。今將愚見，開列如左：

一、本縣地有成數，糧有定額。軍地若干，該屯糧若干；民地若干，該民糧若干，各不相混也。萬曆九年清丈地畝之時，各里書識有知者，軍民兩地，分別清楚，俱無賠累。惟固縣中里、八里、北里、兩里，愚民將軍地概作民地。本縣計地派糧，業已造册申報，及查屯糧失額若干，乃知兩里之錯誤也。本縣官吏，自知違錯，不敢申明。乃嚴刑兩里書識，令其捏報地畝，包賠屯糧，至今三十八年矣。小民不堪逃走殆盡，如固縣中里止遺三戶，八里、北里兩甲盡逃，間有賣地別里者，一地二糧，亦皆棄置荒蕪。每歲催徵，竟不能完，亦付之無可奈何矣。然追原其始，本縣地畝止有此數，民糧屯糧皆出于此。今既以屯地爲民地，則民地溢于數之外矣。民地既溢，則民糧稍輕，是闔縣均受其益。而既認民地，又認屯糧，是兩里獨受其困也。爲今之計，謂宜查兩里見在地畝若干，除屯糧該地若干，餘者爲民地。而民糧之失額者，攤派于闔縣民地之內。此在闔縣之民，必有以加糧爲苦，代兩里認糧爲詞者，不知此實復其舊，而非有增益也。設使兩里當清丈之時，不至差謬，則概縣之民地，安得如是之多？其派糧亦必如今日攤派之數。又不然，必將另行踏丈，照地分派，亦不能有越于此數之外也。況概縣民地，每畝少加勻撮，則衆擎易舉，而兩里之民力得以少蘇，不至逃竄之盡，重貽官府之累，亦何憚而不爲也？

一、本縣設在萬山之中，石多土少，地最瘠薄。而沁河經其中，又有梅河、杏河、玉溪河、固縣河，及無名之小河數十餘道。大都濱河之地，稍稱膏腴。然每秋水泛漲，則漸加冲塌。一經冲塌，遂成沙礫，無復可耕。賠糧之苦，不可勝言，而逃竄者亦多矣。先是，本縣有開荒作熟之地，陸續報官者若干頃，每畝納穀三升。至萬歷四十七年，有西曲、鹿路北兩里，塌地賠糧人户，具告本縣，將開荒作熟之地，每畝准照下地徵糧三升，以抵河塌地糧，共抵過二百餘畝，申准除豁。然概縣塌地甚多，不止兩里，即兩里冲塌之地，亦未盡報，亦未盡除也。查得本縣當丈地之時，亦有漏報未丈者，開荒之地亦有耕種不報者。至于遠年無主墳墓，亦有已開未報者，有可耕未開者。凡此數者，使其盡報盡開，亦或足以抵河冲地畝之數。爲今之計，宜先出示，凡有河塌之地，盡數報官，仍委該里有德耆民，或鄉士夫，照依原丈地《魚鱗册籍》，逐一查明。若有原無塌地，而妄行開報者，枷責問罪。再行出示，凡有丈地漏報，及開荒、開墓未報官之地，許本人盡數報官，照依下地徵糧。如有隱匿不報者，許諸人揭報；即以本地給與揭報之人爲業，仍將原主枷責問罪。至于本縣，自宋元以來，墳墓甚多，除官宦及有碑記有子孫認識者，不得擅開。其有無主孤墳，許里老報官，開種認糧；間有膏腴者，許地鄰量出，價銀入官，給帖承業，辦納糧稅。若有圖謀他人墳地，賄通里老，妄行開報者，各加重罪。則以無糧之地，抵無地之糧，庶乎兩得其平，而不至偏累。若新報之地，不足以當冲塌之數，則每畝量免若干，量賠若干，亦不至于太苦也。以後每年秋水泛漲之時，如有冲塌，即時報官立案，候有新墾之地，照數抵補。則不獨除已往之患，亦可以弭將來之憂也。

校勘記

〔一〕□，底本漫漶不清。下文同此情形者，不再出校。

〔二〕"禹則善言"，當作"禹聞善言"。

〔三〕"插血吮刁"，底本作"插血吮刁"，據文意當作"歃血吮刃"。

〔四〕"治"，當作"冶"。

〔五〕"關望"，疑當作"觀望。"卷一《時事疏》有句"厥後，則有觀望黨。"

〔六〕"次"，底本脱"其"字，據文意應作"其次"。

大司馬張海虹先生文集卷三

論

三途論 有引

言而迂，不言可也。然有或見以爲迂，或見以爲不迂。今日以爲迂，而後日以爲不迂者，亦不可不言也。

自古治天下者，蓋莫先于用人矣。論道經邦，布德綏衆，匪文弗彰；戡暴禁亂，御侮安疆，匪武弗克；勾稽簿書，綜理繁賾，匪吏弗勝。斯三者，不可一日無也。天造草昧，雲龍風虎，感遇會合；若耕築屠釣，椎埋販繒之徒，靡不乘時而建功業，蓋不可以科條論也。及天下既定，徵辟選舉，絜爲功令，以羅天下之才俊；雖有皋、夔、周、召之傑，靡有不繇此道而進者。然擇之欲精，太精則隘；儲之欲廣，太廣則濫。隘則有乏人之嗟，而濫則有壅閼之虞。國家以科貢取文士，以世職、武科用武臣，以三考取吏員，行之二百餘年，萃善矣。然法久敝生隘與濫，蓋不可勝言者。窮則變，變則通，通則久，取功令而損益之，以闢其隘而去其濫。其在今日乎？

論正途

國初取士，科甲與徵聘并行。然當時文臣，若宋濂、劉基、陶安、章溢以及楊士奇輩，皆非以科甲取也。進士有選縣丞者，舉人有選典史者，科甲固未甚重也。及宣德以後，始專重甲榜，而鄉舉次之，歷朝名公鉅卿，皆繇此出。徵聘之典，僅見于吳與弼、陳獻章，然亦不能見用。大都三代以下，人心不古，若鄉舉里選，毀譽易私，不若糊名易書，猶存古道。即有徇私作弊者，亦不多見。間有所舉者非人，則有考功法在。故科舉法，百世不易可也。但文字詭異，不可不亟返耳。

一貢士。國初，雖論食糧年深，然未嘗不兼論德行也，往往有官至公卿者。至今則以年次論，而置行誼不講矣。才俊積學之士，淹滯學宮；需次挨貢者，固不乏人。然中材之士，倖叨食廩以後，雖常居三四等，而竟得以貢出身，幾于濫矣。人才衆多之處，必補廩二三十年而後貢，其偏僻州縣衛所，或五六年即貢，又若失之偏。間有知歲貢之不堪，而行選貢之法者，徒啟請托之門，長奔兢之風耳。莫若合科貢爲一事，如每科直隸中式舉人一百名爲正榜，外取副榜二百名充貢生，照依名次，分爲三年起送赴部提學官，再不必考貢。此二百名者，下科仍聽提學官，與生員同考取科舉，如中式則已；若再中副榜，仍爲貢士。其選法中一次副榜者選縣佐貳，二次者選州佐貳，三次者與舉人一體同選。大率舉場內，三場文字俱通者，儘多中式之外，即有遺珠之嘆，若取爲貢士，豈不逾于一二篇文字，僥倖食糧，遂叨貢士者乎？況下次又得入場，亦未嘗阻其上進之路。士子未有不樂從者。

說者曰："科舉以待異才，貢以待中材。如此則中材之士，竟不得用矣。"余曰："不然，與其用中材，盍若用異才？況學教中，每有才雋之士終身不得食廩者，若以科場收之，則無積薪之嘆矣。"說者又曰："此法若行，則多才之處，每州縣或有數人，僻小州縣終無出身之路矣。"余曰："又不然，天之生才，原不擇地，彼多才之處，豈皆天性過人？亦以學力勝耳。若僻小之處，習見從來無科第，止有貢之一途。一經補廩，便坐以待貢，而不復從事于學矣。每常見小州縣一等生員，曾不若大州縣未進之童生。是歲貢之法反教之以不學耳。此法若行，則彼知貢不可倖得，必且鼓篋從師，下帷發憤二三年，便可與多才之處，并驅争先矣。”

一生員。國初，府學四十人，州三十人，縣二十人，各給以廩糧。永樂間，各倍增其數，始有增廣之名。厥後又有“附學”、“寄學”、“青衣”、“發社”之名，而其數益繁矣。然嘉隆時，猶未盛也。余以隆慶己巳入庠，于時，沁水生員僅百六十人耳，迄今五十餘年，遂增至四百餘人。沁水，其小者也。江南文物之區，有一處至千人者，苟不爲之限制，當何所底止哉？且國家設官置吏，各有定額，何獨生員可無額也？若必欲多出少進，如張江陵沙汰之法，則適足以賈怨而起囂，莫若行限年之法。今之生員才雋者，一入庠序，即當脱穎而出，即有晚就者，二十餘年止耳。中材之士，弱冠入庠，常居三四等，至六七十歲，猶然諸生也。無論皓首青衿，觀視不雅，而中間有敗類者，或雄行閭左，或挾制官師，或捏造謡言，甚者擁衆鼓噪，毆辱憲司。大抵皆老儱之士，自拚破甑，而甘心首倡。少年英鋭者，必多自愛也。合無以生員入學，十五年以上，常考四五等者，即令出學；二十年以上，常考三等以後者，亦令出學；二十五年以上，雖曾考二等者，亦令出學；三十年以上，雖廩膳，亦令出學。蓋科貢之途既寬，三十年而猶不得出身，其無進取之路可知矣。其出學者，廩膳，則遥授以教職；增廣，則優以冠帶；附學，准衣巾終身；青衣、發社，亦准免其差役。曲體其情而優恤之，亦不以出學爲怨矣。此法一行，每庠所去大約十分之三四，即以見在之數，著爲定額。每遇歲考查，科貢出身者，年深出學者，物故者，願告衣巾者，問革者，劣等黜退者，共若干人，考取童生，即如其數而補之，不得多增一人。如此則入學之途亦寬，亦不阻人以讀書之路矣。

一廩增。幫補之法，不知起于何時，其說似謬。如倖考一二等而補廩增，以後常考三四等而不降；即考五等降矣，而猶得以考三等復之。若遇無缺之時，雖屢考一等者，而亦不得補。已補者，何幸而多方以全之？未補者，何辜而勒抑以困之？亦大不平矣。合無廩、增、附，止以考案次序爲定，如府學以前四十人爲廩，次四十人爲增廩；增有缺，俱不必幫補，止候下次歲考定奪。空月廩糧，貯庫別用。一可以省文移往來之煩，二可以省教官勒索之費，三則士子知考案不常，廩不可常保，又免鑽求之弊。其僻小州縣、邊方衛所等處，廩不必足數，止以見在名數爲率。

一歲考。仍以六等分，一等與二等之前者爲廩，二等之後與三等之前者爲增，三等之後者爲附，四等青衣，五等發社，六等黜退爲民。若廩膳考居四等者，即注青衣，不必注廩降青名色，餘皆倣此。蓋學問之消長無常，而榮辱無定，亦激勵人心之機也。

一教官。自古設官分職，未有無事而空設者。國初府學，設教授一員，訓導四員；州學，學正一員，訓導三員；縣學，教諭一員，訓導二員。于時，府學生員止四十人，故訓導四人，每人分教十人，而教授總之，州縣皆然。群諸生于庠序中，講解訓迪。官得修其職，而士得蒙其教，法綦善也。迨至于今，每學或千餘人，少者不下二三百。在生員，有數載而不至學教者；在教官，有終任而不識生員之面者。惟入學、幫補、節令、禮儀之是求，而曾不知職業爲何事也，又安用此素餐之官爲哉？且教官之設，特以貢士衆多，無可發落耳。若以科舉取貢，則貢士多少年英銳之士，不必就教，故教官之數可減也。合無每庠止設教官一員，收掌祭器，承行文移。一時有缺，則令鄰近教官署管。其府學教官，或用進士或舉人；州與大縣俱用舉人，小州縣并衛所則用三科副榜，與有司一體轉升。訓導盡行裁革，計減四千餘員，每歲薪俸門役可省四十餘萬金。且嘗聞之父老有言，正德以前，考取童生，能背讀《大學章句》者即准入學，非訓導何以教之？今則童生非文理成章者，不得入學，且各有師授，亦無待于教官之教，故曰教官可減也。

一監生。夫成均賢士所關，自昔重之，而我朝尤爲盛舉。宣德以前，非貢舉不得入監，有一出監胄而即授科道者。天順以後，始有納粟之例。迄今則事例多端，而冒濫滋甚矣。況售貲于今日，必取償于他年。計終身之廩俸，足以當所納之貲。而一任州縣佐貳，橫取暴斂，所得不啻數倍。若州縣既改任貢士，則粟監無所用矣。至于兩殿中書與光祿監事、鴻臚序班之類，非富室子弟，莫能勝。每年限定儒士監生，量納二三十人足矣。或者曰："當今匱詘之時，每歲事例銀可得二三萬金，若盡停罷，則用度何所取乎？"余曰："不然。訓導既裁，所省者且數倍于此矣。況司府首領，與小州縣之佐貳，可裁者更多。如司府經歷，有印而不得親，獨堂上官收之。夫有印而不得親，何以官爲？又何以印爲？幕官無所事事，如此類者甚多，獨不可裁之，以省無益之費耶？"

論武途

夫武，偏才也，亦異才也。不可以文墨見，不可以言論取，必戰陣而後見之，而戰陣可嘗試乎？國初，平胡靖難，桓桓虎臣，皆以百戰見也。歷世以來，禍變屢作，旋即平定，固多將帥之力，然而以大將稱者，寥寥幾人耳。自建酋黔蜀發難以來，無一人以勛名著者，豈當世盡無將才耶？抑用之非其人也？毛文龍以數百卒，出賊不意，繫逆帥頸而致之闕下，可以語能。然自入海島以來，日日報功，日日請餉，而竟未得奴酋之要領。信乎將材之難也，而求之當亟亟矣。而求將非難，任將為難，不中制，不外監，庶可展其材能，而收其效也。

一世職。夫國家自公侯而下，以至千百戶，皆世其官也。世其官者，所以報先世之功也。豈惟報功？亦望其紹先烈，而宣力以報效也。今之世職，為國家效一臂之力者，誰乎？二百餘年服官食租，受報亦已厚矣。庶支子孫，寧止百萬？而皆不受縣官之役使，此何為也？今欲少為汰損，則必譁然；若不為節制，則冒濫無已時。蓋有三術焉：

一曰嚴襲替。古者建官惟賢，任事惟能。即文王之政，亦曰賢者世其官，未聞不肖者世世濫襲也。今衛所各官英偉者固有，而不堪者甚多。有尩羸而不勝衣冠者，有力不能挽半石弓者，有不識一丁者，此何以官為也？蓋緣襲替之時，自衛所起送，以至兵部比試，多有倩人替代者。起送之衛官，惟賄是魘。一經給文，則所歷衙門孰能辨其真贗？以後當嚴加稽核，若有徇情之弊，即將原起文保結官，一體究革。庶不才者，不得濫襲矣。

一曰審罪犯。漢武以酎金不如式，奪侯爵四十餘人。夫酎金，小罪也；奪侯爵，重罰也。武帝行之，而當時不以為非。蓋冒濫多，而借此以奪之也。今武職冒濫，不但如漢初，而國家律令，武臣犯罪，比之文職，又多見寬貸，彼有所恃而罪犯滋多。今後第與文職一體究論，徒罪以上，褫其職；死罪者，即追奪貼黃。庶知儆畏，而不敢輕犯法矣。

一曰辨族屬。公、侯、伯，其先人勛重而爵尊，子孫支派，皆得優免無論已。若指揮以下，猶不可以遞減乎？以今後見襲指揮者，五服以內得免徭役，千戶以下惟親伯叔兄弟得免。其餘與齊民一例當差，聽所在有司管轄。庶影射少，而百姓力役之征可少減矣。

一武舉。以羅英俊，儲將材也。每科所舉若干人，皆不盡用。求之若渴，而棄之若遺，何爲哉？則以人多缺少，即欲盡用而不可得也。州縣皆用流官，而衛所獨用世職。凡掌印、屯局、操捕，皆以鑽囑而得，貪肆暴虐，靡所不至。而軍士世受管轄，莫敢誰何。間有參論革任者，則有力者欲謀其缺，排擠而搆陷之也。豺狼鬼蜮，莫可比擬。語以操守忠義，則揜耳不聞矣。今以各衛所掌印佐貳，俱以武舉選授，推升黜陟，一如文官之例。其廕襲衛官，止于食捧〔一〕，而不得管事。有才藝者，亦從武科選用。武舉之額，即不爲推廣，而亦無壅滯之患。庶官必得人，而有才者不至廢棄矣。至于上納加級，最爲蠹政，所宜亟止也。

論雜途

古人立賢無方，原不以類拘。豈謂文武二科，足以盡天下之才耶？如吏員一途，儘有出類超軼之輩。無暇遠引，即如我朝萬祺鍾、況蔚起輩，其才能操守，有士人之所不能及者。隆慶時，尚有楊果爲費縣知縣修厥職，而今絕無矣。夫人必有上達之階，而後能自奮勵。若一概鄙薄，而摧之抑之，則彼之自待亦輕，而才守亦何以表見哉？竊謂吏途中，苟有可以集事臨民者，不妨破格擢用也。

一、吏役上納之例，不知起于何時，不問人之能否，而概以貲取之。甚有州縣缺吏，強農民上納者，一行作吏，則一字不識，一事不曉，而皆取辨于書手。有利則書手受其益，有弊則吏典當其罪。其不肖者，則相習爲淫賭，至敗家亡身而後已，此愚吏爲可憫也。間有狡黠者，獻媚官府，攫取民財，從中罔利，而陰爲把持，官民交受其弊，而己亦不免此奸吏之可恨者也。此皆不繇選擇，而專用上納之弊也。至于京師，弊竇奸窟，更爲深廣，厮役班皂，小唱戲子，仗權勢之囑托，掛名衛所，曰吏也。

然其人不知衙門之所在，而衙門亦不知其人爲誰何。未幾而加納矣，未幾而改行矣，未幾而乞選矣，不數載輒得官而去矣。毋論其貪殘賊害，即以倡優下賤，偃然而居百姓之上，其如體統何？如名器何？向使吏必擇人，此輩又安所售其奸哉？至于僻小州縣，有六房無吏，俱以書手代辦者。夫可以代辦者，獨不可以爲吏乎？特無上納之資耳。聞嘉靖初年，嘗有取考吏員之舉，今不復聞矣。爲今之計，莫若復考取，而罷上納。考取之法，責成于巡按御史，巡歷所至，每州縣考取一二十人，分爲三等，通律法而兼通文義者爲上等，止通律法者次之，略知文移者又次之，撥充司府、州縣、衛所。當該之吏，每歲一考，課其殿最，三年滿則拔其尤者起送吏部。每省若干人，一如科貢之法，不必以兩考一概起送，庶不才者，不得濫進矣。或者曰："今天下律學甚少，恐無以應其求所求者，必皆各房之書手，又皆慣作弊者，寧不至于敗乃事也？"曰："不然。讀書、讀律，古人兼稱。今一求之，何患人之不讀律也？書手作弊，從來已然。然不爲吏，能不作弊乎？一爲吏，則有進用之階，且有所顧忌而不敢也。"或者又曰："吏之上納者，每年可得一二萬金，以充縣官之用。今一罷之，將安所取給也？"曰："每吏一名，每歲糧俸可費五六金，而吏之無用者最多。如沁水一縣，户、刑二房，每房可用二名；若吏、禮、兵、工，每房一名，足矣。至于承發科、架閣庫、舖長司，可盡裁也。一縣之中，可裁什之七。繇一縣推之司府、州縣、衛所、倉巡等衙門可裁者，當不止萬人。每年糧俸可省五六萬金。視上納所得，孰多孰少也？"

　　一、吏員銓選之法，不得與聞，然見舊文選朱光祚條議一疏，頭緒多端，至難稽考，無怪其那移遷就之弊，不可勝窮也。今宜立爲定式，以各省直起送三等之吏，銓部再一考試之。上者，選州縣佐貳，與貢士兼選；次者選吏目典史，又次者選倉巡驛所等官。則選法清而弊竇絶矣。至承差、知印等名色，可盡罷不存也。然此爲他日言耳。若目前之病，則甚有甘苦不均者，如選典史、驛丞、鹽廠，皆見缺，而倉官、巡簡，則皆候缺，有候至十餘年，不得上任而死者，亦何辜而至此也？爲今之計，則宜亟停加納，改行乞選，效勞之弊，庶乎其可疏通也。

校勘記

〔一〕"捧"，當作"俸"。

詩

古　詩

長風吹落日，萬里浮雲生。玄關閉幽寂，積雨成春聲。饑烏坐窺樹，池蛙時亂鳴。悠悠適心遠，語默澄群營。空庭多蘼蕪，綠葉披紫莖。

早　朝二首

其　一

千門燈火乍輝煌，禁漏疏聞夜未央。湛露溢花流月液，御簾開曙散風香。衣容次第循魚貫，幞[一]影齊分肅雁行。會見鳳池春正好，退朝猶自佩恩光。

其　二

仙掌高懸片月孤，帝城春樹起啼烏。壺殘箭聽樵中斷，舞罷嵩聞殿上呼。雞舌曉含依仗立，龍樓霄駕傍雲扶。好期聖代文明日，佇看王言叶禹謨。

大雲寺讀書

深松開一徑，野竹借禪居。雲起龍潛缽，風翻蠹出書。晨鐘微雨濕，夜火小窗虛。半榻分清話，山僧亦啓余。

登 塔

天半浮圖出，崢嶸勢欲摩。憑虛依日月，長眺盡山河。寥廓秋聲早，崆峒雲氣多。白毫時隱見，花雨墜檀波。

次星軺驛

輕車辭故里，桑梓戀餘情。落日長河遠，西風古道平。馹喧迎候吏，馬聚列繁纓。目極南飛雁，秋雲帶別聲。

集廣通寺次李本陽年丈韵

西郊遊賞日，散步梵王宮。把酒情方洽，裁詩興未窮。鳥啼歸茂樹，蝶舞趁輕風。何處笙歌起，遥聞曲水東。

次張條岑會丈韵

尋幽來净土，避冗出城隅。幻相真蝴蝶，浮生似轆轤。鶯花供翫賞，詩酒足歡娛。醉後憑軒望，寥天一雁孤。

次王鏡宇會丈韵

遣悶舒吟眺，珠林暫憇時。梵花飄疊錦，烟篆裊微絲。夾岸尋芳茝，臨流憶楚辭。清歡渾未足，載酒更相隨。

次王翼亭會丈韵

西郊攬勝處，蘭若是華胥。絮落迷花徑，雲深護竹居。開樽無俗客，垂釣有嘉魚。薄暮言歸去，逶迤下澤車。

雨後吟

郊原雨過樹陰陰，倚杖聊爲雨後吟。落照微微入雲去，烟光滿袖晚山深。

擬行行重行行

晨車遠行邁，別淚何潸潸。烟霧迷去旌，修壠阻塵寰。悠悠懷永思，傷我桃李顏。山川迥吳楚，良會難再攀。因悲磵中水，日夕鳴潺湲。

擬青青河畔草

春風動微和，流烟入韶月。回思十五餘，嫁君爲結髮。卧席未暇暖，懷綏杳吳越。茫茫各東西，恩情兩銷歇。憂哉久別離，誰能不驚骨。

擬青青陵上柏

人生無常寓，飄如水中鷗。英英等朝蕣，夕露不可留。年少恃紅顏，倏忽成白頭。秋霜委蒿萊，宅第悲王侯。羨彼猶龍子，優悠乘青牛。哀此塵世促，我將從浮丘。

擬今日良宴會

良時展嘉宴，八音集椒堂。趙舞起七盤，燕歌激高梁。衛女薦蘭醑，陳娥鳴珠璫。微飆泛流徵，輕雪飛回商。六龍戢靈翼，月葩流東廂。絳臺撤華燭，杯影搖清光。行樂須及時，四美焉可常。慨慷還擊節，壽此千金觴。

擬西北有高樓

迢迢西北隅，高樓起中天。窗深出遊雲，梁空納歸烟。佳人罷新妝，素手鳴朱弦。一曲長相思，情聲兩纏綿。哀音清且惋，赤鱗聳重淵。雙燕昔辭秋，春風復來旋。思君不如燕，一別成茫然。天涯寸心隔，棄妾誠自憐。

擬涉江采芙蓉

涉江采芙蓉，聊製秋日衣。製衣將何如？萬里人未歸。關山不可越，遊子寒切肌。恨無雙羽翰，長向君傍飛。

擬明月皎夜光

宵陰照孤雁，徘徊向南翔。我友亦北來，聯翩自成行。嗟余獨寥落，萬里辭故鄉。哀聲激秋雲，玄影凌天霜。食苹雖有賓，難爲我服箱。王風久不作，三益今何將。

擬冉冉孤生竹

霜風厲貞幹，青青托層巒。結契爲君室，春芝紉秋蘭。恩結兩不疑，豈知離別難。晨淚浥輕袂，夕車驅長安。樓頭一長望，失意懷所歡。君顏不能眡，方寸聊自寬。願君心不移，執此青琅玕。

擬庭中有奇樹

韶春入芳樹，灼灼發其花。良人事遠遊，萬里辭室家。折此將致君，路阻風塵賒。物華豈堪誤，獨立慚咨嗟。

擬迢迢牽牛星

盈盈明河東，宛宛織女宿。弄杼不成章，日夕懷遠候。一別經兩秋，歡聚豈能又。牽牛立河西，水闊不可就。眷言予求思，珍重永相守。

擬迴車駕言邁

駕言迴輕車，感懷念躊躇。六朝盡荊莽，三代咸丘墟。世事新復故，日月憐居諸。奄忽爲異物，形神竟焉如。良悟斯路難，賢愚同須臾。避災東魯門，胡不如鶵鷗？何當挹丹泉，蛻迹塵世疏。

擬東城高且長

川原接城東，離披遠相索。蘋風剪素浪，空江抱孤郭。秋聲薄林皋，繁楓爲霜落。蟋蟀入床下，微音振虛幬。冉冉歲云暮，我衰獨無托。豪岩縱心目，悠哉望寥廓。

擬燕趙多佳人

北方有佳人，幽閒艷于菊。春羅適素體，秋水注雙目。君子結綏遊，飛蓋廕華轂。不念蓬門中，有人怨孤宿。中宵不堪寐，攬衣感幽獨。關山阻寒望，星漢炤我屋。抑鬱無繇申，於邑空躑躅。

擬驅車上東門

馬首出都城，纍纍多墓田。長松何鬱鬱，白楊亦翩翩。廢隴壞秋雨，亂骨知何年。鶵鷗集蓬蒿，一望生凄烟。中有千載人，長夢依窮泉。人生本如寄，金石未云堅。空蒼湛虛蓋，萬古銷英賢。朝霞不能餐，迂闊求神仙。不如從我好，浩歌逍遥篇。

擬去者日以疏

短髮蒼我頭，傾蓋都凋殘。平原飛白楊，蕭蕭秋風寒。拱木啼野鳥，蔓草埋衣冠。悠悠歲將邁，泗涕徒心酸。

擬生年不滿百

生年苦經營，汲汲沽浮名。造化無定常，胡爲勞其生。賢者貴達節，擊筑以世輕。陰兔過望餘，清光澹不盈。悟物既如此，行樂何復縈。

擬凜凜歲云莫

玄冥屆初時，寒蛩入床下。洞房肅陰陰，閨月皓良夜。疏簾動流輝，河影澹欲瀉。君子行且遠，夢想見杜駕。惕寐若有思，三星在空幬。緬邈懷長乖，望風徒依依。浩嘆顧蟾缺，滂沱淚沾衣。

擬孟冬寒氣至

魚冰負重淵，窮陰日無輝。山川鬱相望，雨雪愁霏霏。景促歲已殫，遊子胡不歸。客從遠方來，遺我一緘書。開緘聞惠音，窈窕今何如？慚無青玉案，何以酬雙魚？含涕修報章，心煩屢趑趄。妾顏自猶昔，君情悲式微。書去還空房，悒悒增欷歔。

擬客從遠方來

有客遊無方，竹杖掛芒履。紫髯虬雙腮，素髮盈兩耳。顧我揮玉杯，粲然笑無止。羽扇招清風，疏宕乃如此。長揖問姓名，云是巢居子。謂我有靈氣，何爲戀塵市？期我汗漫遊，瀟湘采芳芷。

擬明月何皎皎

皎皎空中月，幽輝流洞房。繁星朗虛碧，耿耿夜初長。寒螿泣秋素，錦幬生虛涼。長安富琬琰，遊子遙寒裳。不念閨中人，孤衾覆空床。昔日鸞與鳳，今成參與商。思爲比翼鳥，萬里隨君翔。

即　事

井梧花落雨瀟瀟，夢起燈光向寂寥。最是秋聲不相惜，隔鄰
今夜教吹簫。

九日社宴次李本陽社長韵二首

其　一

長安十四載，九日又重過。雅淡籬邊菊，凋殘水面荷。銜杯
成趣遠，覓句會心多。薄醉迴銀燭，疏狂欲浩歌。

其　二

木落秋容老，寒砧動客心。時猶稱令節，月已近純陰。愁况
千鍾酒，幽懷一曲琴。閑雲看不斷，縹渺隔楓林。

次陳毅軒年丈韵

韶光轉眼即秋冬，百歲歡遊幾度逢。古寺一灣寒水碧，孤村
千樹曙烟濃。窗中寂歷聞虛籟，天外岧嶤見遠峰。此日登臨須盡
醉，來朝再至莫嫌重。

雁

玉塞霜華重，金河雁影稀。賓秋分陣色，漸陸見群飛。行斷
開殘照，書封濕翠微。閨中不須望，爲報遠人歸。

行經桃源

風暖鶯聲早，間關解喚人。草生迷古驛，烟曉辨[二]重闉。
宦迹勞塵轍，山情負角巾。應知避秦者，竊笑武陵春。

對　酒

孤尊對長劍，醉此可憐春。庭中艸色若相問，簾外花光如照人。

過村家

逶轉一林修竹，烟浮幾縷新茶。幽草澗中啼鳥，春風原上人家。

山齋春雨懷人在楚

山齋積雨自清幽，盡日階前見水流。宦別幾驚鄉國夢，春深又換鷫鸘裘。荆門烟斷逢寒食，巫峽雲歸笑浪遊。爲想巴陵相憶處，知君更上岳陽樓。

莫春西郊即事二首

其　一

石梁通野水，梵宇傍城隈。花落春將去，尊開客正來。楸枰團橘社，法雨下香臺。佳約循修禊，歡遊醉未回。

其　二

蕭寺層樓迴，登臨亦壯哉。晴雲瞻玉闕，王氣識金臺。綠暗深啼鳥，紅飄靜覆苔。興酣忘去路，獨恨夕陽催。

壽晉似齋都憲

三朝靖獻九重知，關隴威名震四夷。黑白總繇姜菲舌，卷舒一任水雲期。堂開綠野千秋勝，桂發燕山五樹期。華誕喜逢仙侶集，人間始信有瑤池。

又代壽

榴花噴火向筵開，綠野晴軒試綵萊。斗下一星元岳牧，膝前群玉總仙才。堯山霽日浮鳩杖，汾水澄波引壽杯。元老共知方叔壯，蒲輪應見日邊來。

采蓮曲 二首

其 一

落霞明綠水，棹歌聞采蓮。輕妝逞薄曙，流艷鬥花妍。

其 二

佳人采蓮歸，盈盈出羅綺。輕袂拂荷香，新妝映流水。

題河梁圖

河梁揮別淚，攬袂各依依。皓首歸金節，青年喪鐵衣。天長情不斷，塞遠夢應稀。從此無知己，秋風候雁飛。

中秋前夕集楊曙宇寅丈寓賞桂分韵得月字

草玄亭畔桂花發，滿院風飄香郁馞。良夜欣逢二七期，開樽待月歡情勃。碧空雲净月東升，搖搖雙樹弄清樾。冰輪尚欠一分圓，銀輝已滿千山窟。團圓雖自待來宵，只恐圓時還易缺。圓復缺兮缺又圓，圓缺相催人白髮。我思年少廣寒遊，丹桂一枝曾砍伐。相看又是數經秋，浮生潦倒空嗟咄。一年高會幾重逢，況復有花兼有月。賞花愛月飲流霞，引白飛觴莫暫歇。檐外已看移斗參，座中何必分秦粵。醉狂不識九天高，羽翰欲生神飛越。

日　落

千山日落秋無痕，餘輝欲没天將昏。鳥陣排虛入烟影，沙光觸水生雲根。離披兼葭四五里，高低茅屋三兩村。石磯老翁釣魚罷，呼兒换酒關衡門。

送喬儆我年丈

長路天涯外，凉初急候蟲。三秋驚别鶴，千里慕征鴻。尊酒荒城外，關山落照中。前程行色晚，裘馬自匆匆。

送張條岑守常德二首

其　一

熊軾星馳出帝州，楚天極目去悠悠。朔風凛烈催征馬，故友殷勤挽客裘。折柳不禁情惋切，割鱗猶望意綢繆。郢中刻羽非難和，白雪吟成寄舊遊。

其　二

鶴琴遥入武溪洲，不是尋花舊阮劉。此日兒童群馬待，他年父老一錢留。雲深閣閉春江晚，風静帷開化日悠。自是張堪多異政，佇看謡語達宸旒。

沈廣乘父孝廉祀鄉賢

當代追名哲，於今復有誰。學窺千古秘，文擅六朝奇。遺業箕裘振，馳恩寵澤綏。瞽宗隆祀典，奕世有遐思。

東風曲

東風飄揚拂花枝，花光歷亂吹晴絲。空林鶯語白日静，曲塘燕剪青烟遲。青烟浮春入簾幕，美人樓上春衣薄。幽夢初迴對鏡時，宿妝未洗紅脂落。春愁依依與誰語，春心悠悠若飛絮。惆悵臨池獨倚欄，注看鴛鴦入花去。

雨晴漫興

青林疏雨過，樹色濃于幄。静嘯寂無人，悠哉心綿邈。

送遠曲

三五別君時，君心誓如月。恐君去後情，一夜一銷鏦。

辛丑中秋同李本陽石昆山鄭毅軒施育吾史心源集楊忠庵寓賦得今月何曾見古人分見字

佳節正中秋，高會聚群彥。樽開待月華，碧天初慘黷。金飆起長空，净掃輕雲片。霄漢掛冰輪，萬里清輝徧。窺罅似流螢，照席如鋪練。熠火無餘光，村燐寧復炫。滿座暢歡情，把酒忘舞忭。豪吟迸珠璣，劇談雜玄諺。任教影樹斜，宮漏催銀箭。神王思若飛，興濃狂更轉。我欲御長風，直入廣寒殿。婆娑丹桂傍，笑覿嫦娥面。授以不老方，携赴瑶池宴。醉問東方生，古月何如見。

又和李本陽年丈今字韻

中秋佳會盡知心，霽月光風喜見今。天上明河呈素影，坐間疏竹弄清陰。莫辭酒量千杯飲，好放詩才萬斛吟。醉後不知更漏轉，笑看参斗度遥岑。

又月字韵一三五七九言

月，□〔三〕。丹桂塢，玉兔窟。兔吸清風生，桂發秋香醇。種分三色任躋攀，藥搗千年曾未歇。朝朝暮暮西没復東生，那管人間白盡少年髮。

送張樂吾年丈之蜀

落日秋聲遠，憐君發劍門。矗崖緣鳥道，馬首觸雲根。峽坼黃牛壯，江喧錦水奔。相思始萬里，并別致寒温。

送施籲吾年丈

南陌餘暉盡，西林宿鳥投。故人相送出，岐路晚悠悠。霜落寒無影，天虛月暫流。歸來吹燭後，清夢憶同遊。

昔　遊

宿昔曾遊處，香流轉細芸。迎風梅語雪，觸石水吟雲。木落群芳歇，山迴雜樹分。嵐光催薄暮，時復見氤氳。

石昆山席賦劉阮再至天台分韵得桃字

重來仙境肯辭勞，一徑縈迴萬樹交。綠遶柔枝依曉岸，紅飛輕片逐春濤。非關此度偏迷路，自是仍前解避囂。幾度躕蹰人不見，碧雲深處數峰高。

天津公署

雨餘官廨冷，静坐思彌深。吏散門如水，林開鶴在陰。著書時捉筆，退食即披襟。不是蒙園傲，當知非世心。

楊忠庵主政寄詩依韵奉酬二首

其　一

交情已自醉春醪，雙鯉頻投惠更高。愧我度支多病瘁，羨君清暇任遊遨。新詩倡和城南句，雄飲謹呼冀北豪。何日論文尋舊約，好將秋水淬鉛刀。

其　二

津門誰復肯投醪，回首燕山紫氣高。斗下德星占萃聚，社中詩侶想遊遨。屋梁月冷吟魂遠，海樹雲橫客思豪。謾道太平無一事，四方今已困泉刀。

遊望海寺有贈

短杖裁湘竹，扶雲問遠公。叢林無宿鳥，華藏有髡翁。香靄凝經座，曇光護梵宮。蒲團危冥膝，虛閣閟禪鋒。卷幔蒼松入，聽潮碧海通。飛霞明遠近，落日照西東。世促憐朝菌，人忙昧夏虫。六塵遺解脫，五蓋發遊蒙。僧偃孤龕雪，花敷四色風。依依回首處，杳杳白雲空。

登望海樓

日落殘暉遍草萊，天涯孤客此登臺。角聲遙自軍前起，雨色高從海上來。不斷雲光青鳥没，一行鳥字大荒開。西風蕭瑟孤城慘，作賦應慚宋玉才。

感　興

木落知寒近，雲飛帶雁長。風塵將辟穀，岐路已亡羊。晚樹凋霜葉，秋英泛草堂。相看一無語，寂寞兩心傷。

塞下曲三首

其　一

邊城清夜角聲流，獨立營門正暮秋。蓮匣未開龍劍色，寒光先已落旄頭。

其　二

𣏓弧頻控鐵胎良，百戰功高古塞傍。一嘯翻身飛紫燕，突圍射殺左賢王。

其　三

白馬從軍事遠征，盧龍塞下舊知名。鐃歌不負封侯骨，大樹秋風列將營。

登州閱武

瀚海瀾迴晝欲昏，光搖組練繞旗門。烟消雜島蛟龍伏，風肅千營虎豹屯。勇許丹誠推士膽，忠宣華髮佩君恩。王師自昔母[四]忘戰，不與佳兵共日論。

壽寶岳母八十三首

其　一

蚤年曾賦柏舟篇，畫荻還稱教子賢。海屋籌添今八十，瑤池桃熟更三千。翩躚班舞盈綺席，嘹喨笙歌拂玳筵。遙望五雲縹緲處，婺星高並壽星懸。

其　二

瀟瀟夜雨對寒檠，伴讀常聞機杼聲。共羨萱花臨晚茂，且看桂子待秋榮。箕裘不負千年托，金石應傳萬古名。烟裊畫堂稱慶處，蔥蔥佳氣靄門閭。

其　三

梅蕊含芳向曉開，沁園積雪擁仙臺。鑣鳴銀鹿從天下，袖舞青鸞傍月來。南極祥光臨華渚，北堂瑞氣儼蓬萊。年年此日長生宴，玉箸冰盤薦壽杯。

索　居

樹暗春已暮，鳥飛窗乍開。心閑自然靜，白日無人來。殘卷食饑蠹，寒爐藏死灰。空床獨宿處，一半長青苔。

雨窗懷友

爲念故人愁對酒，更於何地寄相思。獨憐今夜西窗雨，猶似當年剪燭時。

招　隱

山中多白雲，山上多紫蕨。試問走塵俗，何如臥山月。

少年行

邯鄲少年天下奇，蘭梁桂棟沙棠檐。綺羅雜繡分秋艷，珠玉泛彩嬌春輝。雄心不與王侯亞，飛蓋參差集花下。有時醉擁石榴裙，倒促銀鞭五花馬。扶風豪士何磊落，裘騎蒙茸出東郭。挾豹時超萬仞山，殲蛟屢入千尋壑。獵罷山林頓失光，相見岩前野花落。俠概應知宿昔聞，投簪清嘯未成醺。獵禽盡換新豐酒，歸去倡樓日暮雲。

邊　事

雲明空磧暗流霜，戰壁〔五〕秋高動夜防。戍卒控弦臨玉帳，單于牧馬近沙場。旗風吹盡龍蛇影，竈火遥連塞路長。聞説黃金賜邊將，承恩應許報禽王。

哭兒銓遼陽殉節二首

其　一

聞道遼陽失守時，男兒死節實堪悲。昭昭白日丹心煇，漠漠黃沙碧血灘。軀殼一身捐似葉，綱常兩字視如飴。祇知忠烈酬明主，不念高堂眼淚垂。

其　二

煌煌繡斧向燕然，壯志曾期勒石還。豈料庸臣能敗國，更多叛將敢違天。重城猶恃連雲堞，危閣遥驚蔽日烟。到此英雄徒束手，肯將七尺染腥羶。

朱母雙節

不爲夫君死，祇因猶子生。一孤存嗣脉，二母礪艱貞。撫育原均切，封褒亦並榮。汗青垂閫範，千古仰懿行。

送孫愷陽相公行邊

棲棲六月戎車飭，吉甫勳名振古奇。賸有鹽梅和鼎鼐，爭看劍履擁旌旗。榆關風肅胡塵冷，遼海雲連曉帳移。飛檄遥傳三捷信，早歸黃閣慰宸思。

送滿震東太僕削還

淅淅秋風易水濆，驪歌一曲不堪聞。憂時不惜危言激，去國仍將諫草焚。路出邯鄲知是夢，身歸江漢豈忘君。避人莫泛桃源棹，佇看徵書下五雲。（原注：公家近桃源。）

贈雕像楊山人

昔有雕龍手，千古稱絕藝。況復能雕人，寧不更爲異？四大儼然存，五官皆具備。笑顰婉不殊，鬚眉咸相類。巧可奪天工，智足超人世。吁嗟乎！丈夫立身豈委形，區區木偶真兒戲。君能雕我形，詎能雕我意？我意自不雕，際天與蟠地。貌匪肖傅岩，傀儡何足恃。軀殼已非真，尚可容其僞？聊將百年身，留與兒孫視。

雨中有感

西風吹雨急清秋，散髮長吟坐小樓。世事未能捐害馬，行潦何以運吞舟。投虛不負三年技，抱拙寧披五月裘。分得雲安數升酒，浩歌擊節緩餘愁。

明 妃二首

其 一

昨夜承恩宿漢宮，今朝含淚別丹楓。琵琶一曲思歸引，秋草王程泣畫工。

其 二

紫塞搖風暗入衣，回看宮闕五雲微。此生獨羨南飛雁，猶得年年一度歸。

張子房

秦皇騁梟磔，滅韓仇留候[六]。霸力灰咸陽，漢幕收前籌。始志終以功，辟穀還山丘。

歸　來 二首

其　一

春入青門暮，誅茅學種瓜。野芹泥啄燕，官地水鳴蛙。嶺雨聞斤竹，溪雲濕浣花。餘生日多暇，散髮自烹茶。

其　二

犢鼻猶堪着，江蕈自可親。槐深疑有夢，花老欲辭春。倚杖聽鵑帝，浮篁渡蟻臣。閑居足清課，瀟灑更無鄰。

静中感

春池無波心亦平，春山無雲神亦清。竹林逸鳥静不飛，感我幽曠爲一鳴。人生悠悠何可計，歲不我與日月逝。世事浮沉冉冉移，秋風終古寒泉閟。

村　家

村居無一事，斗室臥蓬蓽。日晏始下床，呼兒割蜂蜜。

繅絲曲

微風吹繅車，絲聲何瑣瑣。老姑無別爲，竈前候絲火。

山 居五首

其 一

　　仄逕開山僻，高情付短吟。庭虛春草合，門静野苔深。竹雪盈衣冷，蘿烟傍榻陰。遥聞玄鶴唳，清响入孤琴。

其 二

　　疏雨濕莓墙，山深五月凉。烟霞連樹杪，窗几襲巖光。竈火炊松葉，溪花點荔裳。微風脱然至，隱隱遞餘香。

其 三

　　淺築重岩裏，紆回一逕斜。林虛留鶴夢，壁古繡苔花。暖水浮溪荇，春雲濕澗沙。采芝隨鹿去，空户鎖烟霞。

其 四

　　地僻無人到，科頭不束簪。養砂丹藥鼎，覓句緑天庵。花蘚没堦碧，晴嵐過雨藍。閑來還策杖，雲影下春潭。

其 五

　　草色掩荆扉，山深人迹稀。釣磯浮石髮，峭壁長苔衣。野蕨含春紫，平蕪帶雨肥。琴樓新搆竹，松雪應金徽。

校勘記

〔一〕"幞"，疑當作"幞"。

〔二〕"辮"，當作"辯"。

〔三〕按詩律，此處疑闕一字，故用□代之。

〔四〕“毌”，當作“毋”。

〔五〕“壁”，當作“璧”。

〔六〕“留候”，當作“留侯”。

大司馬張海虹先生文集卷五

啓

上崇王

　　皇建有極，綿萬歷四十二載之靈長；王次於春，頒一歲三百六旬之正朔。履端伊始，拜賜彌殷。恭惟殿下：冲齡纘緒，睿質凝穌。受命長矣，茀祿康矣。擬旭日之方升，景福昌哉；純嘏常哉，似陽春之初轉。河山表裏，依藩翰之尊嚴；士女臣僚，荷容光之丕照。時當獻歲之始，仰承寵眖之頒。睿旨温醇，丹膆增華于糞壤；上儀隆縟，玄黃賁采於庭階。拜手知榮，捫心增愧。敬附函於命使，用申謝于屬車。

謝黃鍾梅司馬

　　紫極宣綸，特重筦樞之任；青宮論道，爰崇啓沃之司。崇班首冠於六卿，偉望益隆於四海。歡騰紳弁，喜溢華夷。恭惟某官：嶽鍾俊傑，天挺人豪。緯武經文，碩德作萬邦之憲；履仁宣義，高風爲百世之師。勛名久著於晋秦，威略遠行於獫狁。一揮制諸戎之命，甲洗天河；屢戰收三捷之功，廬空砂磧。聲靈赫奕，氣倍勝於鷹揚；恩數駢繁，祉更多於燕喜。京觀既築，永銷青海之塵；樞席方虛，特發彤庭之詔。班聯司馬，掌九伐而壯天威；席並鼎衡，偕三公而弼帝胄。九垓仰斗，百辟瞻巖。某夙叨編戶，敢忘覆育之恩？今濫來宣，殊切觀形之願。祇緣匏繫，莫遂鳧趨。采藻采蘋，慚非上供之典；賜瓊賜玖，何當下逮之儀？

謹俯首以拜登，旋易箋而璧謝。

迎李瞻予總河

河漕係南北之咽喉，允稱重寄；疏浚關國家之命脉，端賴名賢。綸音渙發於九重，喜氣震騰於四表。恭惟某官：道岸先登，慈航普濟。澄不清，撓不濁，汪洋千頃之波；積之厚，流之長，浩瀚百川之派。羽儀蘭署，扶世教力挽狂瀾；布德薇垣，軫民瘼盡蘇涸轍。撫全晉而百寮貞肅，操比河清；貳樞府而萬旅精強，才同泉涌。三年讀禮，鴻名益著於東山；四岳詢才，鳳詔爰頒於北闕。若涉大川而暫需舟楫，如調羹鼎而行寄鹽梅。某昔廁編氓，飫恩波於露覆；今叨屬吏，仰周澤於雲幪。聞命自天，驚喜無地。盼龍門之紫氣，緬懷擁篲之私；抒燕賀之丹衷，莫勝荷戈之願。敬陳蕪牘，仰達崇臺。

賀李孟白督餉司徒

三韓師旅，每仰給於轉輸；九域梯航，總會通於津海。蓋有財斯能有用，而足食方可足兵。自匪高賢，疇堪重任。恭惟某官：百年名世，一代宗工。德望崇隆，秀孕湘江漢水；文章炳蔚，調高白雪陽春。粉署持籌，久擅清貞之譽；薇垣秉政，載弘屏翰之猷。京兆爲廊廟之股肱，實隆倚毗；中丞屬門庭之鎖鑰，益懋勛庸。狡虜狂謀，爰動啓疆之舉；天威赫怒，式興問罪之師。糗糧遠籍於司農，饋運允資於瑰碩。乃咨輿論，特簡帝心。秩晉地官，貳司徒而董九賦；任兼柏府，開制閫而肅群寮。水陸駛馳，遼左羨坻京之積；士馬騰飽，奴酋懷駃騠之思。蕭相轉運，關中不是過矣；寇公積儲，河內無以尚之。弘勛已著旂常，偉績應書竹帛。某舊叨屬吏，久荷雲幪。今慕殊榮，益深斗仰。河山隔越，愧梟趨之無繇；苹菲輸誠，托鯉函而代叩。

賀張涵月撫臺考滿

策府書庸，炳旂常之日月；楓宸注寵，煥綸綍於雲霄。燕喜非常，龍光有赫。恭惟某官：百年名世，一代偉人。文經武緯之猷，萬邦爲憲；岳峙淵停之度，四海具瞻。帝眷中原，委任特隆於鎖鑰；吏欽北斗，稟承咸屬於紀綱。憂深蓄艾，拮据更三載之勤；慮廑徹桑，綢繆周萬年之計。解佩帶爲牛犢，化已見於銷兵；式車轍之螳蜋，心更切於吞虜。日成月要歲會，紀程石以鼇然；王功國勛民庸，勒鼎彝而炳若。是以有慶矣，侈燕饗於彤弓；又何以予之？新章服于玄袞。士庶聳聞，華夷忭仰。某幸蒙雲庇，感切鈞陶。當兹大慶之辰，曷已私衷之豫。敬裁蕪牘，用布賀忱。

與吳繼疏撫臺

名世望隆，五位倚金湯之托；建牙任重，三關恃鎖鑰之勛。夷夏知名，黔黎荷德。恭惟某官：文武爲憲，金玉其相。握玄鑑于人倫，清規遠映；挺高標於物表，俊彩遐騫。身近蓬萊，掌綸綍於鳳凰池上；品分涇渭，辨薰蕕於鵷鷺班中。同寺選天閑，何論驪黃牝牡？柏臺開制府，共欽屏翰藩垣。均賦法以恤凋殘，民沾雨露；振兵威而來款貢，虜慴雷霆。功在鼎彝，業隆柱礎。某叨屬編氓，受一廛而托處；猥蒙汪澤，荷九鼎之洪施。仰止高山，幸瞻依之孔邇；羈居東海，恨桑梓之惟遥。敢布魚箋，敬修芹獻。

賀沈□□操江

金陵要地，九重先根本之圖；柏府崇階，四表仰紀綱之肅。歡生海宇，喜溢群寮。恭惟某官：光岳精英，扶輿靈秀。氣完剛大，配道義而塞乾坤；才裕經綸，凌風雲而麗日月。朱幡熊軾，循良軼駕於龔黄；玉節金章，藩翰媲踪於申甫。芳輝遐暢，崇朠洊登；輿論僉推，帝心特簡。詩書謀帥，爰隆銷[一]鑰之司；樽俎折衝，行著金湯之績。掌二百年之國憲，都中狐兔潛踪；總十四郡之臺綱，江上鯨鯢遁迹。暫司舟楫，行待鹽梅。某猥以菲材，備員寮末。賴受成於型範，幸覆短於絣幪。喜值喬遷，悵仙踪之日遠；恨緣株守，愧鳧趨之未能。恪具芹私，少伸蟻悃。

賀韓象雲宮詹

黻藻皇猷，四海仰清華之選；圭璋震器，九重資弼亮之謨。望重木天，名高玉署。恭惟某官：才優王佐，學擅儒宗。應五百載之昌期，條山毓秀；會千萬年之間氣，河水鍾靈。倚鼇禁以談經，禮樂弘開啓沃；直鸞披[二]而代草，文章雅擅絲綸。碩德久協人情，偉望宜隆帝眷。亻參黄閣，先貳青宮論思；恭待仔肩，承弼允資汝翼。歡騰朝野，喜溢簪紳。某猥以駑材，叨塵驥尾。二十年同袍之雅，頓隔仙凡；三千里藩服之遙，敢云伯仲。慶君子之道長，喜切彈冠；幸朝廷之得人，情深引領。恭裁短記，敬賀新榮。一藻一蘋，慚非享上之物；三薰三沐，聊申用下之誠。

迎過成山賑院

錦節遥臨，皇華帶九重時雨；蒼生徯望，青郊沐萬頃恩波。延頸呼歡，凝眸顒俟。恭惟某官：忠猷浴日，亮節擎天。縮綬花城，懋著循良之績；峨冠柏府，昭宣謇諤之聲。一角神羊，振霜稜於柱下；九苞威鳳，矢韶律於臺端。邇以赤子多艱，聖意每加於東土；而皇恩大溥，巡行特簡於西臺。攬轡觀風，將措阽威於席上；乘軺按部，期援捐瘠於溝中。十六萬同金，一鎰一銖，皆成實惠；千百億編戶，無小無大，均屬生全。顧六郡之被災雖同，而三府之罷荒獨甚。須臾待命，願先及于此邦；輕重酌施，求加多於鄰國。煢民拭目，屬吏傾心。某猥以譾才，備員末屬。情殷負駑，勢阻縶匏。

謝過成山賑院

簡命巡方，駿惠造三齊之命；薦賢爲國，袞言賜百吏之光。猥以菲材，得蒙甄錄。疇能瓊報，祇切冰兢。恭惟某官：鼎衡夙望，黼藻英猷。亮節擎天，指佞請上方之劍；忠謨浴日，批鱗探頷下之珠。邇者，三齊屬陽九之艱，倒懸孔亟；五位軫兆民之命，大賚弘施。爰簡廷寮，特隆委任。埋輪按部，先詢道上豺狼；持節巡方，亟拯溝中老稚。霜飛白簡，四郊免碩鼠之謠；雨帶皇華，千里無牂羊之嘆。惟仁人爲能濟衆，乃盛德可以格天。灾沴頓消，休徵聿至。功成入奏，對揚天子之休；善小不遺，表著群寮之績。某材同襪綫，質類鉛刀。慚無尺寸之奇，殊有丘山之愆。詎期庸劣，謬辱題評。駑駒增一顧之榮，片石重連城之價。仰叨鴻造，曷勝高深。俯省愚躬，愈增愧感；謹裁蕪牘，僭附菲儀。

南陽請方魯岳按臺在卧龍崗

錦節巡方，涓水被澄清之澤；繡裳按部，宛陽蒙煦育之麻。爲事爲民，久切先憂之念；一遊一豫，宜紓後樂之懷。敢戒庖樽，僭扳榮戟。恭惟某官：乾坤浩氣，海岱雄風。生同孔孟之鄉，淵源有自；志比伊周之業，正直不回。慷慨居正色之班，名高殿虎；激揚當代狩之日，氣肅臺烏。自河北而河南，墨吏望風解綬；從夏仲而冬仲，蒼生拭目回春。當一陽將復之期，正百度更新之會。某仰止臺光，欽承法紀。願假公餘之半晷，少紓登眺之雄懷。眷彼龍岡，允堪燕喜。層巒擁翠，光浮抱膝之廬；古木棲鴉，聲徹長吟之席。山不在高，而地緣人重；年雖已久，而景與時新。君子至於斯，輒起英雄之慕；賢者而樂此，願同魚水之歡。謹詹吉而滌觴，希命佁而夙駕。登高咏賦，豈徒覽勝於一朝；把酒壯懷，實以興思於千古。集衆思，廣忠益，追盛事於當年；宣上德，達下情，沛弘施於此日。

登州請陳仲素按臺在蓬萊閣，時五日閱兵

節屆朱明，榮戟光華搖日月；境臨碧海，蓬萊巍聳倚雲霄。祇緣射黍柳營，是用開樽蒲席。勝時勝地，欣高會之難逢；觀海觀兵，喜佳期之偶值。樓船電繞，何如競渡龍舟？戈甲星馳，殊異奪標彩勝？鐃鼓共冰弦迭響，鯨氛與炎氣齊消。海若效靈，蜃闕光騰萬丈；馮夷震疊，鮫宮浪涌千尋。危闌憑虛，試展擎天之手；扶桑極目，每懷浴日之衷。羅三島於樽前，雄風酣暢；望群仙於雲外，逸興遄飛。聊以一日之清歡，用紀百年之盛事。

武場畢賀陳中[三]素按臺

恭惟某官：德裕經綸，才兼文武。制勝於談笑之頃，折衝在樽俎之間。識龍劍於斗牛，神同雷煥；別驊騮於牝牡，藻並方皋。況國家多事之秋，正羅網弘開之日。兹者武闈肆闢，勇士咸登。燕頷虎頭，望弓旌而感奮；龍韜豹略，披肝膽以爭摅。豈云介胄凡流，俱是鈞陶妙品。穿楊獻技，總爲入彀之英；借箸籌邊，均屬干城之選。繼韓侯而拜將，莫盛於今；推蕭相之知人，敢忘所自？

洛陽請楊伍南按臺

蕭蕭簡書，代狩沛九天之雨露；煌煌繡斧，巡行凜千里之冰霜。先憂已切於勤民，後樂應紓於覽勝。蕭庀匏尊，敬迓驪馭。

恭惟某官：九霄儀鳳，六合文龍。縮綬花封，霾霽濃沾於東海；
峨冠柏府，紀綱丕振於西臺。代狩中原，共切雲霓之望；巡行分
陝，首瞻台斗之光。攬轡觀風，當道豺狼屏迹；埋輪問俗，穴中
狐鼠潛踪。省斂而周㷀民，恩同膏雨；掄材而拔俊士，化比菁
莪。珌珸揚輝，講武壯泱泱之盛；圖書闡秘，談藝昭肅肅之容。
茲當公事之餘，應遣怡情之興。聊陳清晏，暫枉霜旌。天津明月
倚層霄，光騰紫氣；少室晴雲披碧漢，瑞靄彤輪。穆卜佳辰，預
干從史；伏惟台允，曷勝巖瞻。

彰德請倪吉旋鹽臺

錦節巡方，三省慰雲霓之望；彤騶按部，兩河瞻日月之光。
敢潔匏樽，僭攀棨戟。恭惟某官：際天品望，震世材猷。一角神
羊，樹威稜於柱下；九苞威鳳，矢韶律於臺端。維茲調鼎之需，
仰籍補天之手。九邊之軍實盈縮，悉賴於持籌；百吏之品題臧
否，咸歸于陶鑄。爰舉時巡之典，用昭式序之章。柳色映花驄，
光生載道；春風揚繡靰，歡滿郊衢。趙北燕南，奠澄清於一路；
行山恒水，增勝概於千年。矧此鄴都，夙稱勝地。曹子建風流逸
藻，尚可遐思；韓稚圭事業勛名，於今仰止。堂開晝錦，堪爲燕
樂之區；饘獻春蘋，竊效野人之貢。式陳二簋，敬迓三旌。奉色
笑於几筵，少舒霜肅；式範型於頃刻，如坐春風。伏乞俞臨，可
勝跂望。

賀馮□□方伯生子

慶衍螽斯，莞簟叶熊羆之夢；祥徵麟趾，河圖應龍馬之符。
薇省歡騰，庶僚喜溢。恭惟某官：至誠動物，盛德格天。治國如
治家，培千萬載靈長之運；保民若保子，奠億兆姓康阜之休。元
氣滋培，陰騭久孚於上下；休徵滋至，長祥益浚於宗祊。奎宿宵

呈，光映崧高汴水；麟書遠播，歡生涿鹿燕山。馬氏五常，從茲媲美；荀士八龍，異日齊芳。家祚與國運俱昌，天道合人情胥臮。某叨附末寮，恭聞慶事。瑤林玉樹，仰世澤之方隆；玉果犀錢，願涓情之少效。

迎洪南池巡道

芝檢煥星辰，五位重屏藩之托；棠陰滋雨露，兩河欣綱紀之司。喜溢舊邦，歡騰新命。恭惟某官：清朝麟鳳，昭代斗山。完五岳三光之氣，緯地經天；窺二酉四庫之藏，涵今茹古。杏園標錦，共推兩宋才名；棣萼聯芳，咸羨二蘇詞翰。菁莪化溥，型模徧式關西；械樸風成，規範遠師宇內。道協興論，望久屬於鹽梅；忠簡帝心，任將隆於鎖鑰。汝墳秩秩，旬宣再屬於召公；謝邑巖巖，藩韓特歸於申伯。持綱振領，一方之休戚攸關；激濁揚清，庶寀之權衡是籍。允矣南邦樹幟，行看北闕宣麻。某久欽台斗，恨御李之無緣；今屬範型，慶識荊之有日。爰修荒牘，用候前旌。望函關之紫氣，日切凝眸；仰華嶽之祥光，時維眷念。祈節鉞之蚤臨，慰雲霓之夙願。

謝李□□憲副

撫治中天，茂著旬宣之績；宣猷南國，弘昭屏翰之勛。誼重舊僚，情殷寵翰。開函如就，荷德知榮。恭惟某官：品擬麟鳳，望聳斗山。神湛湘江，筆灑千層濤浪；氣吞雲夢，胸羅萬頃烟霞。棣萼聯芳，共羨一門科第；棠陰敷茂，咸知兩浙循良。粉署含香，運籌畫於指掌；文衡秉憲，萃桃李於公門。寄屐舄於東山，名高安石；携鶴琴於西蜀，清比乖崖。衆望允歸，帝心特簡。陝以東召公主之，循强理經營之績；豫以南羊叔鎮焉，布綏懷安輯之休。澤溥汝淮，功高崧嶽。某質比鉛刀，材同襪綫。愧一籌之未展，慚五技之已窮。仰庇雲幪，可覆宛城之孽；顧瞻日監，何辭海國之尤？辱荷注存，遠頒翰貺。睹黼黻之觀，擬裁雲錦；誦珠裁之句，亂落天花。

復趙乾所吏部

恭惟某官：凌霄正氣，軼古高風。製錦花封，興革殫百年之利弊；秉衡銓府，激揚昭一代之是非。操比河清，寰宇共稱包老；守同玉潔，士紳咸誦海公。直道而事人，柳下惠之黜，固其宜也；孤忠以自許，唐子方之逐，豈偶然哉？東山高謝傅之名，蒼生拭目；北闕重溫公之望，簪庶傾心。某叨塵驥尾，快睹龍光。既慰生平，敢悉知已。十四年之暌別，夢想徒殷；數千里之迢遙，音書難寄。偶因翔雁之至，驚承剖鯉之貽。慰藉殷勤，宛如面命；寵頒隆重，詎敢躬承？謹借遽使，用完趙璧。薄申鄙悃，聊附微芹。

復施泰維吏部

盛世程材，責每隆於衡鑑；清朝推望，任專屬於賢豪。自匪名流，曷堪勝選？恭惟某官：閎材命世，碩抱匡時。文章彩浪流霞，襟度璚臺積雪。縮符花縣，翔瑞鳳於中天；飛舄神京，留甘棠於南國。爰從式序之期，遂舉陟明之典。秩司銓序，位居六署之先；分屬統均，寵冠諸賢之上。清同毛玠，品藻不爽錙銖；公比山濤，啓事必分涇渭。世道從茲開朗，泰運賴以登閎。喜溢新綸，光生舊地。某叨塵世譜，喜千年遇合之奇；冒膺藩宣，幸一日相從之雅。冲霄鵬翼，已自奮於清溟；出谷鶯聲，猶不忘夫幽壑。乃承瑤翰，兼荷鴻施。輝煌二曜之章，情文備至；燦爛百朋之賜，寵渥特優。謹拜首以登承，旋易篋而完璧。

午日

日臨東井，燭龍擁羲馭之車；風播南薰，韶鳳叶蕤賓之律。祇因節茂，慶以時昌。恭惟某官：離文表異，陽德呈輝。握神鏡以照人，光昭夏鼎；鼓和風而扇物，慍解虞弦。某幸襲蘭芬，恭陳芹悃。黏筒九子效華，祝之多男；係臂雙絲用辟，兵而介福。

答午日

節屆天中，重五炳離明之曜；塵銷斗北，兩河會泰定之期。道化洽而慶祉頻增，民慍紓而頌聲交作。恭惟某官：德備陽和，功成長育。徹桑未雨，人懷續命之符；蓄艾有年，家佩辟兵之印。惟此五陽之候，實爲百福之辰。辱賜多儀，仰承偕樂。某姿同蒲弱，質匪蘭馨。挹噓拂之春風，無煩揮扇；沐漸濡之濊澤，豈俟浴湯？伏蒙益智之頒，深荷推仁之雅。敬拜登於百首，謹奏謝於八行。

中秋

冰鑑澄空，不比尋常三五夜；玉輪煥彩，絕勝當年十二回。佳節欣逢，清光遙慶。恭惟某官：曒同皓魄，暴比秋陽。對銀闕而洗金觥，何用酒移天柱？羅清商而飛素瑟，豈須繩駕雲梯？天上人間，賞心樂事。某幸囿照臨，仰依光霽。祇緣匏繫，愧無術以飛梟；敬獻瓜醋，計欲當於飲柘。

答中秋

光瀉銀蟾，快睹澄清之景；影分玉兔，欣逢圓滿之期。慶祉昭升，寵光遙賁。恭惟某官：秋陽粹質，霽月冲懷。挹千頃之素波，塵銷陸海；駕一輪之皓魄，爽徹靈臺。千里共嬋娟，敢陪清況；一言重華袞，忽辱珍函。某興淺庾樓，詩慚謝咏。丹崖玉笛，愁夜月以銷魂；碧海金波，望星霜而改色。分宏照於天邊，遙瞻桂影；被耿光於宇下，欣荷弘施。

重　九

玉露凝寒，色湛一天之景；金飆奏爽，響通萬籟之聲。追勝事於龍山，難陪着屐；縱清遊於鳳嶺，徒切凝眸。恭惟某官：質粹秋陽，恩濃湛露。四時順序，授衣見邠雅之歌；百谷豐成，築圃享農人之利。萸房薦馥，香浮朱縑之囊；菊色含芳，色映黃金之罍。詞雄戲馬，豈徒孔靖之吟？聲斷飛鴻，不數賓王之賦。某質同蒲柳，驚序歲之方深；念切枌榆，悵時光之日短。幸逢美景，欣遇佳期。敬將周道之芹，少伸漢宮之祝。

又重九

金風氣爽，商聲纔到三三；玉露秋聲，陽數正逢九九。懷呼鸚鵡，興寄兼葭[四]。恭惟某官：一碧寒潭，三秋皓月。事業看調鼎和羹，鹽梅望重；才情飛落霞孤鶩，詩酒名高。疏暢吟咏，見誇白雪人豪；點綴江山，又是紫萸令節。心遠東籬高士，帽落西晉參軍。曠達無雙，風流第一。某忝依帡覆，念切斗山。望雲慘懼，心同白雁齊飛；向日焦勞，人與黃花俱瘦。仰二天之怙育，鍥德鏤衷；邁九日之葳蕤，懷恩動色。敬陳野曝，用托管城。

答重九

菊色綻金，令節正逢九日；露珠凝玉，佳期欣值重陽。念切懷人，方致一芹之獻；恩隆偕樂，忽承九鼎之頒。恭惟某官：商氣澄襟，秋陽暴德。惠洽兆姓四封，凝暮靄之烟；威肅群僚千里，湛寒潭之月。賞心樂事，高懷溢發於登臺；美景良辰，逸興遄飛於載酒。喜歲登乎大有，乃澤普於同人。雁陣驚寒，帶錦箋而至止；金飆奏響，吹玉信以偕來。感德惟殷，已登承於百首；酬恩未罄，敬奏謝於一函。

冬　至

律應黃鍾，迓初陽於七日；躔臨玄斗，浹和氣於五雲。剝極復生，天心再見；陰消陽長，泰運漸開。恭惟某官：心涵太始，道契重玄。月璧星珠，經緯合璇璣之運；參旗井鉞，卷舒收亭毒之功。仁風肆布於中天，惠澤載煦於冬日。囿群生而並育，介繁祉以維新。某幸際迎長之景，躬逢介福之期。景附周圭，冀日升於戡穀；身依夏鼎，祈峻陟於召階。謹貢一函，用代九首。

答生日

歲序駛馳，又值春王之月；流光電轉，更逢初度之辰。青鬢已凋，丹衷未罄。矧白雲千里，空悵望於西山；而赤子萬家，復勞心於東海。窮年矻矻，功名靡著於春秋；素食悠悠，餼廩徒麋於升斗。高春易下，末路難持。曾是蒲柳之姿，敢受臺萊之祝？遠承重貺，深荷隆情。感戢徒殷，登嘉非分。

答生子

野竹苞滋，殊異芝蘭之秀；螽蟊類集，何如鸑鷟之翔？慚燕翼之無謀，愧鴻施之貴及。省躬非據，戴德難名。恭惟某官：盛德好生，弘仁錫類。以所愛及所不愛，藹然萬物一體之心；視鄰子猶兄之子，廓然異姓同胞之雅。某家世寒微，祚緣淺薄。壯年抱子，已慚人父之愚；晚歲添丁，益覺多男之累。三槐手植，曾無王氏之陰功；五桂叢生，敢望竇門之顯達？焉能爲有，是奚足多？猥辱弘慈，遠頒大貺。以追以琢，宛然天上麒麟；載筐載筥，殊異人間玉帛。情文並溢，耳目爲驚。即傾十口之家，曷稱萬分之一？敢不拜嘉明賜，藏爲在笥之珍；傳誦瑤章，用作來裔之勸。謹裁蕪牘，用布謝忱。

又答生子

某樗櫟弱植，蒲柳衰姿。亦既抱子，亦既抱孫，瓜瓞已延於三世；而其爲箕，而其爲裘，熊羆又兆於一朝。腐秋草以爲螢，總是塵根未斷；絟老牛而舐犢，殊爲凡業相尋。方切永懷，敢承大饋。瑜環瑤珥，爛雲翰以爲章；錦字璇題，並瓊華而增麗。期雁行於雁塔，深荷品題；擬鳳乳以鳳池，敢當期許。倘韓昌黎之豬龍可辨，應懷顧覆之恩；若劉景升之豚犬難移，懼爽銜結之報。敬具芹藻之獻，少代湯餅之私。

校勘記

〔一〕“銷”，疑當作“鎖”。

〔二〕“披”，疑當作“坡”。

〔三〕“中”，據前文《登州請陳仲素按臺》當作“仲”。

〔四〕“蒹葭”，據文意當作“蒹葭”。

大司馬張海虹先生文集卷六

書

沈蛟門相公書

相公閣下賜覽：

伏接邸報，見閣下《奏辨原任兵部郎中劉元珍》一疏，内考察留用科道，斷自聖裁，閣下未嘗與聞。某雖至愚，竊以爲過矣。古大臣之事君也，入則獻嘉謨，出則揚主德。即不幸而君有失道之舉，則引躬自責，曰："主上實明聖，我之匡救之不力也。"善則稱君，過則歸己，道宜爾也。豈得歸咎主上，而自辭其責乎？且其事實不與聞也，已難免於扶顛持危之議，陳力就列之譏。若實與聞，而謬云"不聞也"，則何以掩士民之耳目，息天下之猜疑乎？無庸遠論，即開礦一事，新建相公實從臾之，及衆論沸騰，乃歸咎於皇上，亦未嘗不以獨斷自任也。迨秘揭一宣，而新建之人品心事，始昭露於天下。今日之事，幸閣下不與聞耳。萬一與聞，寧不爲新建之故事乎？

閣下又云："一事之微，不可磯激。若以爲偶爾之失，姑談笑而道；其於大政闕失，始可垂泣耳。"閣下誠遠覽古今，考鏡得失，章奏停閣，有如此極者乎？官僚廢闕，有如此極者乎？仕路壅塞，有如此極者乎？賢才擯斥，有如此極者乎？帑藏空虛，有如此極者乎？橫斂無藝，有如此極者乎？民生凋瘵，有如此極者乎？一事不可磯激，而事事不理，皆不可磯激乎？一時不可磯激，而積年累歲，皆不可磯激乎？物極則返，勢極則變，脱有意外之虞，誰柄國成而得辭其責也？古人有言："富貴皆有盡，令名獨不朽〔一〕"。士庶人欲昭令名於當世，而力有所不逮，勢有所不能，抑且有求富貴之心，而顧忌之者。閣下富貴極矣，力可回天，勢可自遂，獨不爲令名計乎？古之相天下而垂令名者，三代而下，無如諸葛孔明。彼其道，不過開誠布公，集思廣益耳。房玄齡、狄仁傑、司馬光，仿佛其遺，而皆能以撥亂致治。其汗青史羞萬世者，無如李林甫。彼其術，不過陰險猜狠，壅蔽排抑耳。盧杞、秦檜、賈似道，祖述其智，而皆至於破國亡身。繇前之道，則坦而易行，明而易見；繇後之道，則操心必危，慮患必深。然卒不肯舍此而從彼者，不過曰："權不我歸，人不我附耳。"宰相執天下之柄，何患無權？而休休有容天下之才，孰非我附也？閣下名世弘猷，將追踪伊傅，而下視諸葛輩；其於林甫諸人，必且唾罵而不置齒頰矣。然迹當世之政，其於開誠布公，集思廣益，猶未曉然洞見於天下者，是不可不深思也。西漢之天下壞於隨，東漢之天下壞於激。今天下有將激之漸矣，激之而勝，則黨禍起；激之而不勝，則轉而入於隨。激亦病，隨亦病。不激不隨，而調劑其間，則閣下之責也。

狂瞽愚生，不識忌諱，謹冒昧上陳。伏乞閣下弘大公之量，闢衆正之途，塞邪枉之門，絕陰私之竇，則令名垂萬祀，而社稷、生民、人才、士類，皆得受其福矣，某不勝悚息激切之至。

與韓象雲相公書

五典衰朽歸田，承顏娛志，無復當世之志。然于閣下同梓同籍，且辱在知己，少有蕘蕘，不敢不獻也。

伏念葉相公已去，閣下獨秉國成，主上冲叡仁聖，明良相遇，千載一時，竊爲閣下慶。然而權奸比周，綱紀廢弛，外夷肆侮，民窮餉詘，此亦非無事之時，可以坐嘯而理也。昔之宰相患于有權，今之宰相患于無權。權而私用之，則權不可有；權而公用之，則權不可無。故權也者，人主與宰相共執之，群臣百職事遵奉，而不敢撓者也。數年以年〔二〕，宰相不自用其權，而爲衆人用；衆人知宰相之無權，而人人思執之。於是乎，權既不在內閣，又不在六部，而在鷙悍而多喙者。非鷙悍多喙之足以撓權也，人衆故也。"千夫撓錐，無不拔焉"，此之謂也。宰相委權于衆人，固不可；爭權于衆人，尤不可。爭之，則必不勝，且招謗而損威。于此有機焉，因其機而制之，則權可立收矣。何也？權在衆人，則衆人之中又有爭執之者，則近日汪文言之事是已。此時儘可措手，而惜乎其坐失之也。文言么麽小輩，其才其位，皆不及唐之王伾，而威權勢力反過之。王伾一敗，而黨與竄逐。朝廷一清，文言雖去，而進文言者，與緣文言而進者，皆安然無事，則國家之憲典，有遜于中唐矣。然天下之事機，無日不來。因其來而應之，則反掌而權歸朝廷，天下可坐理矣。《易》曰："知幾其神乎？"語曰："機事貴密。"惟閣下密之，幸甚。

校勘記

〔一〕"朽"，當作"朽"。

〔二〕"年"，疑當作"來"。

大司馬張海虹先生文集卷七

叙

二東造士録叙

直指畢公按部山以東，所至郡國，悉髦士較焉，録其隽者，授之梓以樹前茅，而又出所製義爲之范型。一時縫掖士樂有繩矱，蓋稷下鄒魯間，蒸蒸丕變矣。萊牟越在東海，其聞風興起者，輒有後我之望焉。今歲四月按臨東萊，五月歷登郡。不佞以分藩之役，且承匱兼攝海防，得循職事，代較兩郡及首邑士，且彙李官所遴州縣卷次，第甲乙而受成事焉。公復嘉惠兩郡士，示之程式，又拔其尤者，續刻諸郡後。俾不佞叙其端，以示譙士之意。

某晉鄙豎儒耳，素不嫻於文詞，詎能贊一語以副盛心？唯是日奉鞭弭，周旋左右。公之徽懿休美，可爲法程者，有以仰窺一二，其與諸生闡繹之，諸生其諦聽焉。

夫文章即小技乎？然非佔俾呻吟，窮神畢慮於潁楮尺幅間，未有能臻其妙者。乃公案牘如山，幾務如蝟，從容擘畫，綽有餘暇〔一〕，縱筆而成，爛若霞錦。且也精深奥衍，典雅純正，有才人文士畢世經年，而不能窺其籬者，則公之蘊籍，可窺一班已。漕運係國家晝命脉，説者謂：“以海運濟河之窮，以膠萊易海之險。”其議若築舍也。公循行萊子，涉膠水而東，穆然有深思焉。倭氛告警，竭海内之力，僅能驅之。而登州與日本共一海洋，不特其不來，恃吾有以備之。故先爲不可勝，以待敵之可勝者，須蚤計也。公一發策一著論，洋洋纚纚，幾數千言，稱引條悉，較若指掌，蓋賈魯結舌而充國斂袂也，斯公之經濟可窺一班已。猶未也，直指衣繡，仗斧而出，驂騑所至，有司望塵奔走，奉若神明，供具極文綺之華，饘饌窮水陸之珍，尤懼不足以當意指。蓋恒人所視，爲最烜赫，最濃艷者也。乃公減驂從，節庖廚，禁迎謁，絕饋遺，屏晏會，一切以簡樸儉素持之。蓋諸葛武侯有言：“淡泊可以明志，寧靜可以致遠。”論者謂武侯得聖賢養心法，是以開誠布公，集思廣益，事業人品，歸然於三代之後，皆從“淡泊寧靜”中所恢拓也。公之淡泊寧靜，足與武侯相伯仲。然武侯以王佐之才，限於一隅，不竟厥施。公當熙明之世，佐景運，翊鴻烈，從淡泊寧靜，發舒爲事業，詎可量哉？公之可爲法程，大略如是。《詩》曰：“高山仰止，景行行止。”諸生有景仰之思，尚於養心養德處一儀型之，他日躋通顯，肩弘鉅，庶幾不以烜赫、濃艷自侈縱也。斯公之大有造於諸生者，寧獨經義已哉？

送陳蘇嶺守河南叙

自成周營洛邑，而河南綦稱重地矣。阻九阿而據旋門，背盟津而表伊闕，瀠瀍穀而鐔太岯，鎮二室而奠嵩高，河山形勢蓋中天下而握其勝矣。且也壤聯三省，俗雜五方。弘農桃林之野，陸渾陽城之間。逋亡嘯聚，獷悍竊發，重以采榷之役，民勞財殫，時切隱憂，自非良二千石拊循而安輯之，未易爲理矣。天子慎簡才賢，俾守兹土，而余所領度支部陳大夫蘇嶺寔膺命焉。諸曹郎修故事，以贈言請。余於陳君忝一日之長，則無庸卮言爲也，願以質言贈。

蓋余涉歷中外，程功察吏，耳目所睹記最多，而吏治之難，則嘗扼腕而浩嘆矣。即以郡守論，郡大夫縮符而領專城，藉令操縱伸縮，惟大夫所欲爲，則剗煩理錯才易辦也，剔幽爥隱智易周也，布德宣惠恩易邑也，禔躬澡志守易潔也，獨奈何功令煩而禁網密，偵伺多而議論侈耶？郡大夫一人耳，倅貳長令，則待我爲政者也，而撫按藩臬，則又我所待以爲政者也。我所待以爲政者，未嘗一日不詗我；即待我爲政者，又皆詗我者之耳目所旁寄者也。一舉事而窺覘者數十輩，一出令而短長者數十人。即無論妒者忌我，讒者搆我，捷者乘我，巧者陷我；即吾所與上下左右，周旋而共事者皆正人君子矣：而意指殊嚮，則取舍奚必其同方；操趨異途，則是非難軌於一轍。吾將弘解網之恩，而操切者以我爲縱；吾將振拔薑之威，而長厚者以我爲刻；吾將守坐嘯之理，而精明者以我爲無奇；吾將解膠柱之失，而鎮靜者以我爲多事。一人之身，欲竽瑟同操而方圓異畫，勢之所必不得也。究且跋胡疐尾而左踦右躓，何益於成敗之數耶？於是巧宦之輩，以窺瞷爲迎合，以機術爲彌縫，突梯滑稽，轉圓炙轂，人趨人諾而可否？原無定畫，倏是倏非，而始終自相盭謬，此以投世好而獵聲稱則可耳？而官常政紀將奚屬焉？夫唯倜儻瓌琦，忠誠不二心之士，爲能智周於觀火，而機審於破的；守堅於金石，而信確於四時；桁楊威暴，而恩必厚於善良；濡沫恤窮，而法不貸於豪右。憲度易遵，即奉法循理，而何樂於紛更？奸僞萌滋，則滌垢剔蠹，而無嫌於摘伏。張而弛之，正而奇之，競絿不拘其方，而寬威各適其用。即百詗而百誹，群議而群撓，而中流砥柱，曾不肯一逐於頹波。此其閎材偉抱，足以導窾批却；而勁氣真心，足以激玩起懦。視彼一察以自鳴，與夫毀方而瓦合者，詎可同日語耶？

余蓋每有望於若人，而指不多屈也。陳大夫恢豁弘爽，英敏果毅，儻所稱倜儻瓌琦，忠誠不二心者，非耶？往大夫令南陽，業以循良表著。南陽與洛中接壤耳，移彼以治此，所謂輕車而熟路也。余於大夫知最深而望最厚，是用以質言相譙勸，大夫其厚自奮飭，以無負不佞所期許。異日者上計天廷，使考功氏署曰："河南守，治行第一。"則又曰："治行第一者，司農氏屬郎也。"不佞所賴於光寵者非鮮眇矣。

送薛价屏守南寧叙

往倭奴暴我屬國，躪躒高句麗之都邑。高句麗君出走，越在郊野，天子使使者慰問之，而薛君以行人持節往。既還報上封事，言："奴倭不逞，而朝鮮弱於兵，安危存亡唯天朝是視。皇上即欲終始保全屬國，非大發兵不可。"時當事者愚於和計，而倭奴狂猘益甚，卒大發兵，乃驅之，悉如薛君言。君子以爲薛君善於使而暗於計也。已而，薛君爲司徒郎，職會計，精覈敏練，則又不啻爲屬國計矣。

邇者奉天子命，出守南寧。南寧，古邕州地，而西粵之隩區也。余曩者總憲兩粵時，計安攘，圖敉寧，未嘗不重守土吏，而輒[二]嘆得人之難也。邕州南躡交趾，東控潯梧，盤麗兩江，合流襟帶，市舶蕃航，輻輳鱗集，儌涎垂於鼎指，而志易於貪泉，得無滋寵賂而玷官常乎？且州邑銅墨之長，土流錯壤，馴悍殊習。即遵度稟憲，罔敢軼越；而羈縻約束，戎心時有。疏節闊目，則召侮誨慢；網密禁嚴，則觖望恣睢。馮益智高，足爲殷鑒，自非閎材恢略，兼文武而張弛之，難與戢奸冘而靖疆場矣。夫鳶鷗嚇於腐鼠，而鵷鷥過之，則斂翼焉；駑駘躓於修阪，而騏驥歷之，則超步焉。何者？廉污性殊，而長短之材異用也。

薛君寧靜淡泊，居常少嗜寡營，即通籍十餘載，而儉素清約，居然一寒士也。一旦都富厚，而輒[三]以膏潤自點，頓易生平，必不然矣。且其人質訥逡逡，退讓君子耳。而一當機宜籌會之際，則又敏若承蜩而銛若利鉏，此豈漫無短長，而緩急不足恃者耶？

南寧遠在海徼，去京師萬里。其父老子弟，常以不得密邇聖化，自比中土羇覉之民。一旦得廉且才者如薛君爲之守，煦育而拊循之，則含膏飲穌，猶之乎嬉遊乎九重之側而席衽之矣。敉寧安攘，計無有過此者。曩余所慮得人之難者，今竊有厚幸矣。又嘗聞薛君未第時，術者謂："君貌奇，當有三奇事焉。"已而，君治第得瘞金，鐫刻宛然君之姓字也，人以爲一奇矣。已而，出使朝鮮，賜麟袍玉帶，行人而服上公之服，人以爲再奇矣。獨三奇者，有待也。余以爲獲金偶然耳，出使易服故事也，未足爲君奇。君之奇事，其在爲郡以後乎？漢郡太守有異政，錫衮冕，出則褰帷，一奇也；公卿有闕，則太守治行高第者入補，二奇也；君守南寧，其將獲此異數於主上乎？而又能懋勩樹代，垂功名於竹帛，則君之三奇事，始備是矣。雖然，此他日事也，乃今日之爲郡，則自宜奉法循理，如漢良二千石者，可矣。無庸翹然自試其奇也。

送張同虛守歸德叙

不佞總司農以來，饋餉雜遝，典禮繁殷。蓋廩廩焉日惟匱詘是懼，而一時所與勵勩籌畫，以無至墜失，則惟是子部諸賢寔休賴焉。而張君同虛，則又所稱隽卓粹懿而練敏周慎者也。君守尚書郎逾四載，例得外擢。主爵者擬守歸德，疏名請，不報。未幾，楚民告訌，主上命左司馬往鎮撫之。司馬以楚事急，欲得一二賢豪，與共襄厥事，復疏同虛名上請，又不報。已而，河漕司空氏以河伯爲祟，運道艱澀，瀕河諸郡守不可久虛。乃復申歸德之命，而上始報可。

夫數年以來，主上慎惜名爵，自二千石以上不輕畀人。而獨征倭剿播之役，職兵職餉之吏，惟督撫所需不靳也。楚民圈權使欲甘心焉，藩王諸大吏坏戶而莫敢誰何，斯亦非細故矣。主上既重用左司馬，則亦宜重司馬之所用。胡賢豪如張君者不以界楚，而以界豫也？主上若曰："楚民易與耳，急之則聚，緩之則散矣。惟河流西決，環歸德所隸東虞、太丘間，桑麻室廬之地，匯爲巨浸，死徙流亡，殆無虛歲。所以沈灾澹溺，使民無咨苦愁嘆之聲，非良二千石，誰與共此者？"以斯知主上之拯灾殷於拯亂，而同虛之爲豫重於爲楚也。同虛思以廣宣令德而弘邑休業，以無負主上重委，將奚術而可？蓋聞歸德之患，不獨一河爲祟也。商邑之野，稱沃壤焉，沃土民淫，蓋自古記之，而今爲甚矣。袨褕肥澤，以相夸詡，而睚眦釁起，則戈矛隨之。訟師偷伯，保奸匿亡，往往皆是。長令持之稍急，則挾陰事造飛語而反螫矣。

夫侈靡者，耗蠹之源也；健鬭者，亂逆之萌也。訟囂則善良莫保其命，盜逋則主名得逭其罪。而長令者，持禄惜名之念重，則勵精振刷之念輕，以此爲理，是却步而求前耳。興務崇化，戢暴禁奸，使囂陵訛誶之習，轉爲長厚醇懿之風，則太守之職，於斯爲重矣。夫治水者，隄防不設，則橫溢四出，而莫可收拾。苟壅之激之，而下流不疏，則防潰而傷且多。治民猶治水也，法制刑威，所爲遏其衝；而節儉禮讓，所爲疏其流也。先之以節儉而靡敢以侈應矣，導之以禮讓而靡敢以爭應矣。不侈不爭，則盜衰而訟息；盜衰而訟息，則平明之理也。不然者，三尺具在，無有貸焉，其誰不改弦易轍？惟太守是式乎？操是術而往，即海内可易，何有于商邑？環商邑之野皆稱治境，而東虞、太岳一二灾黎，無庸多慮爲矣。行矣張君，其慎所操術，以稱主上所重委。三月而報政，期年而治成。將主上更有所重委，以舒賢豪者之韞抱，無論今日矣。

賀張憲副三膺恩榮叙

夫士君子遭時遇主，躋身膴仕，疏爵分榮，爲先人光寵，詎不顯懿烜赫哉？而要其所以顯懿烜赫者，又不在疏爵分榮以光寵先人爲也。昔人論顯親之孝曰：「立身行道，揚名於後世。」蓋抱負閎則設施裕，建豎偉則譽望隆。此聲與實俱茂，而身與親並顯也。身之不立，道於何行？道之不行，名於何有？即位列台衡，寵貤奕世，且貽所生者辱，安云顯耶？

觀察張公，起家進士，三仕爲令尹，一遷郡丞，俱以卓異奏最，天子下璽書褒寵之。未幾，以二千石擢副憲臺。會儲宮鼎建，覃恩海宇，復以今秩加寵于兩尊人。天恩三錫，龍札十行，豈不爛焉顯親至孝哉？乃公所以顯親者，則固有在矣。公剔歷三十載，澤浹而惠乎，政修而績著，道綦行矣。前後薦剡無慮數十上，而龔黃卓魯之譽，無脛而走四方，名綦揚矣。撰厥所繇，唯是立身爲大爾。夫身亦豈易立者？浮沉滑稽之輩，如脂如韋，且前且却，其不能立，天下公見之，若子子以爲義，硜硜以爲信，朱[四]守繩墨，尺寸不敢易。而危加之則移，變駭之輒亂，是竊立之似，而不謂能立。依附氣節，托迹名理，個然傲倪一世。而欲動于慕芊，神怵于避虎，是冒立之名，而亦不謂能立。《易》曰：「立不易方。」《中庸》曰：「中立不倚。」夫惟不易不倚，而後可言立；亦惟居之方，守之中，而後能不易不倚也。倘所謂立身者，其在是耶？而公得之矣。

不佞交公最洽，知公亦最深。公遠利若膩，遠名若羶。懷琬琰以自珍，集茝蘭而爲佩，其志不可屈也。衆華獨樸，衆競獨恬，掩塵垢以霞鶱，挺波流而柱砥，其節不可奪也。梦之愈整，擾之愈暇，齊萬物于寸心，等千古于一瞬，其神不可亂也。是謂居方而守中，不易而不倚，公何以得此耶？嘗聞公之言曰：「天下非大，我非小也。我所大于天下者，無求于天下也。」又曰：「吾可知，而人不我知，不知者之罪也；吾不求人之知，而尤人之不我知，我之過也。」

夫世之不能立身者，總以有求于世爾。無求，則世上之物，皆不能卑屈我。而神自定，節自植，志自伸。神定、節植、志伸，而我自大于天下，我大于天下，自能中天下而立矣。且無求者，非一于無求也。無求于世途，必求于本體；無求于勞攘奔馳，必求于寧静澹泊；無求于詭遇倖成，苟且一切之功，必求于搏捥裁成、中和位育之業，豈獨立一身爲競競，且爲天地立心，生民立命？暗修而宦達，厚集而鉅施，道何以不行？道行則勳紀彝鼎，譽流春秋，名何以不揚？道行名揚，而誦貽穀之方，贊發祥之自者，且更千百世而靡極也。其顯親爲何如耶？公即道已行名已揚，然其兆爾。自是洊登樞筦，躬佐隆平，創無前之績，餘不朽之聲，顯懿烜赫以光寵先世者，當不止如今日矣。

賀陳寰宇協守榮擢京營仍留屯津海叙

總戎陳寰宇，以射策登丙戌武科進士第一人，海內知名舊矣。不佞往于《武録》中，閱公所對公車策。蓋馳騁于《六韜》、《十三篇》中，而緣飾以六籍百家之語，意其人必古文武吉甫之儔，且恨當吾世而不得一與接譚也。

客歲冬，不佞以司農曹治粟津門，而津門則公所分閫地也。于是，公之英姿偉度，雄風大略，夙所寤夢而不可得者，幸快睹之矣。乃徐扣其底裏[五]，則羅武庫于胸中，運風庭于掌上，韜略軼駕于孫吳，文章追踪于班馬，所稱文武吉甫者，豈不信其然耶？至貫虱之射，扛鼎之力，世所嘖嘖奇公者，余則以爲公剩技耳。惟時鯨波不驚，樓船不試，公乃輕裘緩帶，較獵于長林豐草之中，徜徉于漁舟烟水之外，即未嘗一日忘戒乎？而馬騰士飽，且亦無庸事事也。未幾，農祥晨正，土膏聿興，則又尋趙過之餘謀，務棗祗之長計。釋戈矛而丰耜，囊弓矢而畚鍤。于疆于理，瘠鹵成上腴之區；載祚載芟，蓬蒿悉秔稻之所。東作之功伊始，西成之望正殷。乃大司馬以輦轂重地，捍衛宜嚴，期門羽林之士漸就驕弱，不可無虓虎之臣以董率而訓練之。于是詢謀有位，群議僉同，而京營之重，寄首及于公矣。

信邁有期，中朝方喜得人，而舍我稽事，三津之父老不能無觖望也。且先零未困，充國不得去金城；吳會未寧，元凱豈容離襄鄧。今倭奴即幸遠遁，而譯書時布，驕語猶騰，安可一日忘備，則又安可一日無公也？督撫諸公，深惟牖戶之計，遠圖經久之謀，交章懇留，璽書報可，公復以新秩留田津海矣。夫役建卒以開墾，則于民爲不擾；積芻粟以資餉，則于國爲不費。倭奴偵持久之計，則不敢内向而生心；畿輔籍屏藩之托，則無庸外顧而多計。然後知廟堂之上，待公者隆而期公者遠也。雖然將軍之職，無事則議屯田，有事則議戰伐。今天下幸無事已，而無事可常保耶？脱犬羊跳梁于邊塞，狐鼠竊發于荏苒。而登壇授鉞，推轂建牙，以戡禍亂而收耆定，非公其誰也？

且吾聞之，勇將勝人以力，智將勝人以謀，而大將勝人以望。是以方叔樹名于獫狁，而荆蠻來威；子儀著績于中朝，而回紇羅拜。彼其素所懾服者然也。往者范陽訌譟，幾成大變，公以單騎定之，此其威名聞望，詎出方叔、子儀下耶？嗣是而擁旄縣纛，整旅厲甲，以討不庭，而敵王愾，將不煩指顧，而望風喙息。麟閣雲臺之勛，坐收于帷幄樽俎中也，敬盱衡俟之矣。

賀寇□□晉青州郡丞叙

廣平別駕寇公，吾晉榆次人，于不佞有世講之誼。嚮者待罪冏寺圉牧之政，寔嘉賴焉。再越歲，而公以治行高等，擢青州二守。于其行也，屬吏永年令朱君輩，相與修祖餞之舉。而余弟五服，時令威縣，乃走書徵言于不佞。余以梓誼、年誼、共事之誼，不可以辭。

夫公，晋之世家也。一門之內，累葉明德，若大司寇、少司馬、方伯公，皆以直亮端方，鴻謨偉伐，炳績先朝而垂休奕世，其淵源固有自矣。公也襲慶蒙庥，紹芳趾美，纂組仁義，體備中和。其佐郡也，褆躬有金玉之操，敷政無競絿之失。政清務簡，吏肅民懷，循良之迹，未易縷數。惟是職守專司糧稅與牧事耳，兩者皆國家之大計。而邇年以來，軍興旁午，需餉需馬，尤倍于往昔。乃公督理嚴明，多方調劑，貢筐筥于上方，輸儲稽于幕府。飛黃備天閑之選，駃騠充征戰之資。且也寓撫字于催科，去害馬以馭衆。不煩催檄，先諸郡以告襄；無事張皇，咸從容而就緒。惟兹屬邑飲醇釀之澤，而受和平之福者，豈其微哉？寇恂守河內，遷秩當去，父老願借一年，而光武特徇其請。今君行矣，想吏民之情不減于河內，而未敢有借寇之請者。蓋以海邦要地，清戎要秩，天子且托重而恃力焉，非可以幾輔徼惠于聖明也。夷氛告亟，登牟宿重兵，日惴惴惟奴酋之泛海是慮。青齊去登萊雖稍遠，而樂安、壽光、高苑皆濱海而居。塘頭一鎮，尤海舶交集之所。儻奴酋畏登萊島嶼之險，鼓棹而西，則青齊首被其患。

蓋余嘗分藩海右，海上之情形，知之頗稔。然則飭兵奮武，未雨綢繆，郡丞之職守，責任綦重矣。叱駁遄征，以紓主上東顧之憂，政寇君今日事所宜亟圖者，而可以卧轍攀轅，效尋常兒女之情哉？異日者，海氛清肅，奏膚功而膺顯秩，則不佞與諸君，咸有厚覬矣。

壽秦安令郭溪環親家七帙叙

溪環公自垂髫與余同入芹泮，又同鉛槧于大雲之禪室，余復以女妻其仲子。五十餘年交歡如一日也，即金蘭之契不甚于此矣。

公長余二歲，今年壽七十。里中薦紳先生相與稱觴爲賀，以執筆之役屬之不佞，蓋謂知公者莫若余也。余將何以爲公祝？夫褒德頌美，謬稱于所不必有之事，諛也；逮精遐引，祈願于所不可致之福，誕也。夫惟驗之物理，徵之人事，就其生平之履歷，眼前之光景，一揄揚之，則祝之者無愧詞而當之者，有餘榮矣。夫絢爛之華，或朝榮而夕謝；雲霞之彩，每乍聚而倏銷。大羹玄酒，味至淡矣，而天下之至味，皆由此而醞釀；黃鍾大呂，聲至希矣，而天下之元聲，皆于此宣節。以是知穠郁者，衰落之漸也；暗素者，進盛之基也。知此而公之壽，可得而言也。

公方少年時，神采駿發，藻艷霞騫，文章瀟灑飄逸，有翩翩欲仙之意。或謂青雲可唾手也，而偃蹇膠庠者二十餘年，始膺鄉薦，人皆爲公扼腕矣。及其偕計吏，上春官，咸謂鬱抱于平日者，當發舒于一旦。天人射策，長揚奏賦，固優然有餘裕者，乃屢試屢躓，竟以鄉舉謁選，得一邑如斗大，人又爲公扼腕矣。及其宰平山也，摘發有神君之稱，惠和有慈母之頌，咸謂當列薦剡，被徵擢，上之爲臺諫，次不失爲郎署。乃以抗直，開罪于鄉紳之有力者，卒被齮齕而左遷焉，人又爲公扼腕矣。及其再令秦安也，振飭綱紀，舉廢墜久弊之邑，一旦更新，咸謂東隅之失，當有桑榆之收也。乃開府西秦者，即向之齮齕公者也。一之已甚，且復再焉？而公乃浩然歸，人又爲公扼腕矣。

自人視之，則公之所遭，悉逆境也；自公視之，則身之所履，皆坦途也。得失不介于心，是謂知命；欣戚不加于念，是謂樂天。樂天知命則無憂，無憂則心泰，心泰則神完氣厚，而多歷年所，此公之壽所從來矣，而未已也。天之生物，嗇其始，必厚其終；靳於身，必昌於後。由前而觀，雖剝復相尋，而猶在聲希味淡之間；自茲以來，且豐豫層臻，而漸底高朗令終之休，即今璵璠增輝，昆山顯雙璧之美；蚌珠孕瑞，合浦含照乘之光。王晉公所謂“我雖不爲，子孫必有爲之者”，此其兆矣。且祿位名壽，天之所以報有德也。公德尊而位卑，毋言屈也，自此而三槐吐秀，九棘貤封，則位以壽而崇矣；德厚而祿薄，毋言輕也，自此而千鍾致養，五鼎加粲，祿以壽而膴矣；德著而名微，毋言暗也，自此而十行褒美，百世傳芳，則名以壽而彰矣。一壽考而諸福之物可致之，祥靡不畢集，公之壽誠可賀矣，誠可期矣。再十年而耋，二十年而耄，三十年而期頤。當是時也，余得再執簡而為公祝，則其願望足矣。如曰萬有千歲，如詩人之頌禱，則誕且諛，不敢道也。

壽小山族兄七十有七叙

蓋周雅"九如"之祝，言山者居其五，曰：如山、如阜、如岡、如陵、如南山之壽。夫阜也、岡也、陵也，皆山也，又皆山之小者也。然其亘萬古而常存者，不以大小而有異也。其他如日之升，而中則昃矣；如月之恒，而滿則虧矣；川之流，有時而息；松柏之茂，有時而槁，固不若山之常存而不毀。而詩人之惓惓以山言者，所重固有在也。孔子曰："仁者樂山，仁者靜，仁者壽。"山惟靜故壽，而人能靜，亦可如山之壽。然靜亦難言矣，自非太宇凝定一私不撓者，未易語此。而考亭氏之訓詁，則曰"安于義理，厚重不遷"已耳。果爾，則公之壽，有可得而言者。

公之以"小山"為別號也，得無有樂山之意乎？仁者主靜之學，何可與公言？而第云安于義理，則公亦未嘗無吻合者。在物為理，處物為義，體會于子臣弟友之間，流行于日用常行之際，苟不悖于理，即不忝于義。不悖不忝，即不可謂之安，而亦不可謂之不安。公生平厚重人也，愿樸而無伎巧，質訥而無浮誕。學書不成，去而為賈。非其義，纖芥不取；非其道，跬步不由。事親孝，處弟友，教子孫慈而嚴，居鄉黨謙而厚。自少至壯，自壯至老，未嘗睚眦人，而人亦無睚眦之者。此于理有悖乎？于義有怼乎？不怼不悖，即謂之安于義理也。可安于義理，亦庶幾乎仁者之靜，靜故壽，壽則有似于山。

公之以"小山"號也，真樂山之意矣。雖然，山不獨以壽稱，及其廣大，是動植之所育也，靈秀之所鍾也。公之如山也，亦豈獨以壽稱？哲嗣充家，聿臻富有之盛；聞孫振采，式開浚發之祥。則小山公之壽，寧云"卷石之多"已耶？是爲序。

再壽小山兄七十有八序

客歲甲子，族兄小山壽七十有七，里中既以余言爲賀矣。越今歲乙丑，公之壽與歲俱增，則七十八矣。復有爲公賀者，再以執筆之役請，余又何言？無已，則以壽之理言乎？造化之生物也，氣有厚薄，而修短因之。若火傳于薪，薪盡則火熄。理有固然，數所必至，似乎人之不能違也。而伯陽氏之言曰："我命在我，不在于天。"又似乎以人勝天，而天不能制人也。薪之多寡有限，而火之緩急無常。酌損益之機，而調豐嗇之致，則以人勝天之説也。故其言曰："爲道日損。"又曰："事天享帝，莫如嗇。"夫世多求益，而何取于損？世多求豐，而何取于嗇？獨不知損益豐嗇相倚伏，而循環者乎？損其人欲，則天真益矣；嗇其取用，則儲穡豐矣。天真益而儲穡豐，則壽之理也。夫淫聲美色，伐性之斧斤也；肥甘釀醨，傷生之鴆毒也。紛華靡麗，足以耗元神；恣睢暴戾，足以捐天和，此皆不可不損、不可不嗇者。斧斤去則萌芽滋，鴆毒去則饞膚腴。元神不耗而日增，天和不捐而日溢。夫是之謂益，夫是之謂豐，是之謂倚伏而循環，則常見于公之爲人矣。

失偶二十餘年，曾無姬妾之奉。性不喜飲酒，脱粟蔬糲，布袍緼枲以爲常。終日徜徉于里門，心無城府，行無町畦，與人油油然而不自失也。則舉人生之可損可嗇者，無不損且嗇之。則于人身之宜益宜豐者，且充積而不窮也。益則終無損，豐則終無嗇。無損無嗇，尚有不多歷年者乎？即百歲可臻也。嚮者余爲公祝如南山之壽者，其在兹矣。

壽張沁溪七十有七序

不佞于沁溪爲尊行，而沁溪之生則先余六年，蓋今歲七十有七矣。子姓森列，家累鉅萬，而又享有遐齡，皆人世所羨慕而不可得者。里人艷之，請爲公壽，公不可。親族請，亦不可。諸子孫請，亦不可。其言曰："盈虛損益，天之道也。儒家以儉爲本，而老氏以嗇爲寶。余，賈人也，不諳于二氏之説，獨以身所經履，自幼至壯，自壯至老，凡所爲經營出納，貿易居積，無非以虛而致盈，以損而致益。用能饒蓄積，拓田産，苟延歲月，以有今日。方將持儉保嗇，以迓未艾之休，而顧敢侈然自泰，受溢美之詞，犯造物之忌，其何以保福慶訓來世也？"

于是請者慚然沮，不敢復進。有述其言于余者，余曰："有是哉！沁溪之言，其有達于天道也。"天道惡盈而好謙，《易》卦六十有四，互有吉凶，而惟《謙》則六爻皆吉。蓋謙者，歉也；歉然，不自滿之心也。人視之若有餘，而我視之若不足也。昔人有言："仕宦至宰相，居家致千金。"古人以千金敵宰相，而況不止于千金也？此亦布衣之極也，而公不自以爲富。古人以七十爲壽考，而況不止于七十也？亦人世之稀也，而公不自以爲壽也。不自以爲富，則其富將日增；不自以爲壽，則其壽將日進。公所謂"持儉保嗇，以迓未艾之休"者，其在兹乎？其在兹乎？是公之可賀，不獨以其壽而以其謙。以今日之謙，而更致他日之壽，則將來之爲公賀者，未有已也。

諸親友，洎子若孫，復持余言以請。公曰："草莽小子，雅不敢當，盛舉重以大人之言，其曷敢辭?"于是諸親函幣而進，酒醴既設，兕觥交錯，客起而賦《七月》之詩曰："爲此春酒，以介眉壽。"主人賦《蟋蟀》之章曰："無已太康，職思其居。"猶有瞿瞿之思焉。

壽韓母郭太恭人七十五叙

余客歲北上，行次涿鹿，而太守韓經宇親家將赴青齊，會于傳舍。坐談間，語及太恭人。太守愀然曰："不肖違膝下兩年矣，一麾出守，祇擬過子舍奉百歲觴，爲萱堂祝。不意遼海孔棘，青淄震鄰，畏此簡書，不遑將母。西望太行，懸懸在念也。"余曰："不然。太恭人康强，善匕箸，且朱實綠醽，佳疏鮮錯，北海所饒有。第以板輿迎之，承歡養志，宦邸、家庭復何異乎?"

太守抵任，即戒安車往迎，而兖鄆變起，道路戒嚴，太恭人猶然里居也，今歲七十有五矣。里中姻戚謀舉兕觥，以介眉壽，走書問言于不佞。不佞將何爲言?古之善言福者，莫備于華封之"三祝"，箕疇之"五福"，《天保》之"九如"，詳哉!其言之矣，而其要則歸之有好德。蓋基厚積崇，源深流遠，天人感應之機有必然而不爽者。太恭人毓自儒門，肅雍秉德，爰歸哲士，勤儉宜家。竭敬共于姑嫜，里稱孝婦；敦惠溫于娌姒，門無間言。方贈公下帷發憤，則籌燈佐讀，勉致青雲；迨其倦勤返服，則偕隱鹿門，甘同綠野。和丸訓子，義方特著于庭闈。含飴弄孫，慈愛更殷于嗣服。令子已登賢書，里人猶肆斬侮。老氏舌柔之訓，時闉前聞；張公百忍之規，卒臻後福。持平棘寺，而明允之誨不廢耳提；縮綏海邦，而清慎之書每勤手札。

蓋太恭人之好德，于兹悉備，而太恭人之福履，不于兹而益隆乎?鳳章鸞誥，輝煌奕世之華；桂子蘭孫，馥郁一門之盛。二千石之禄養，自今伊始，躋台鼎以爲榮；億萬年之遐齡，以莫不增，等岡陵而作頌。華封之"三祝"，箕疇之"五福"，《天保》之"九如"，駢集于太恭人之一身，寧獨以壽稱？而諸姻戚之稱觴爲祝者，且歲歲年年，當不止于今日已也。東海有安期棗，食之萬年。太守且覓之函，驛使而進几帨之前。太恭[六]喜且更進一醻，無庸望白雲，歌苞栩矣。

壽蘇母李孺人七帙叙

孺人爲太參公孔鄰之元室。初，太參公令長安，泊給事黃門，孺人兩被恩綸受今封。及太參公揚歷藩臬，未考績，輒遷去，而孺人猶然今稱也。太參公捐館舍，稱未亡人者二十五年，今壽七旬矣。

八月十日，設帨之辰也，伯子諸生光宇，將稱觴膝下，爲孺人壽。乃乞言不佞，以彰懿美。余惟壽，人之所難也；壽而榮，壽而富，壽而有哲嗣，則又難之難也。孺人翟服疏榮于再命，龍章耀彩于五花，不可謂不榮矣。從宦享三品之頒，遺業席千金之產，不可謂不富矣。箕裘丕振于家聲，芹藻蜚聲于黌序，不可謂非哲嗣矣。康祺與諸福駢臻，壽考偕純嘏并錫，此豈造物之有私于孺人，而孺人之有徵于造物耶？則唯是令德所致耳。彼其淑慎柔嘉，工容罕儷，窈窕昭于閫範，比昵絶于燕私，女德綦甚盛矣！而辟洸佐讀，靜好叶琴瑟之音；拮据承顏，孝敬潔筥筐之奉。斯其婦德又何茂也？至于愛而知勞，踵和熊之芳躅；食焉能誨，襲畫荻之懿踪。賢哉！母德又有超于尋常之上者，一德凝承，百祥彙集，理有固然，機所必致耳。而説者又謂大參公中年捐棄，偕老之信未伸；孺人晚歲孀居，齊眉之願未愜，是不能無遺憾者。庸詎知天道不齊之數，不可以恒情窺；而人事感召之機，寔可以常理測。故嗇于前者，必豐于後；靳其始者，必厚其終。孺人之蹇阨，在二十五年之前；孺人之榮祉，當在七十餘齡

之後。自是綿綿福履，更迓滋至之休；奕奕書香，益茂方興之
祜。萱室衍百年之慶，芝函賁三錫之光，咸于孺人之德必之，此
人事亦天道也，敬以是爲孺人祝。

壽張母韓孺人七袠叙

夫壽者，受也，人之所受于天者也。天之生物，氣稟有厚
薄，而修短因之。若松柏之與朝菌，龜鶴之與蟪蛄，皆天之所制
人不得而與焉。然而孔子之福壽，歸之仁者，歸之大德。而老氏
亦曰："我命在我，不在于天。"則是造化之權，有時乎不自用，
而爲人用者，又未可專委之氣數也。于是有爲尊生之說者，熊經
鳥伸，呼吸吐納，辟穀導引，可以長生久視而白日飛昇，此皆宗
老氏之說而近于誕者也。惟是修德引年，祈天永命，此自天人符
應之機，有徵應而不爽者，余于韓孺人見之。孺人故庠祭公臨渠
之配，而諸生報韓、佐韓之母也。毓淑閨門，秉貞中壼，亦婦人
耳。惡睹所謂熊經鳥伸，呼吸吐納，辟穀導引之術？而今壽七袠
矣，儻亦修德引年，祈天永命，天人感應之機有徵信，而不容誣
者乎？

孺人少事舅姑，承顔順志，修瀡甘脆之奉，必躬必潔，人稱
其孝。敬共夫君，而貞柔佐之，俾爲良椽[七]，爲良賈，没世而
有令聞，人稱其順。自爲未亡人，冰霜節凜，閫以内肅肅穆穆，
人稱其貞。畫荻訓勤，而家興詩禮；和丸訓苦，而業襲箕裘。鳩
愛惟均，尤鍾孷少，人稱其慈。家累數千餘金，而衣不紈綺，食
不兼味，人稱其儉。豐腆以待宗戚，匍匐以賙鄰里，寬厚以御臧
獲，人稱其惠。

凡此數者，在孺人，直以爲婦職之常，詎有徼福倖生之願？
而以此洽人，即以此格天，壽考無疆，固栽培福善之理，可以徵
信而不爽者也。自此而耄而耋，而期頤將馴致之，而未可限量

矣。自古之祝頌者，曰富，曰壽，曰多男子；孺人富矣，壽矣，而子且克家矣。然孫枝未茂也，孺人得無念乎？自此而益修厥德廣施予，鍾和氣以弘昌後之祥，固孺人之自致。而爲子若婦欲壽其親者，又當集樛木之和，衍螽斯之慶，使雲仍嗣美而天親悅豫，則萬壽無期，尤在孝子之不匱也。敢以此爲孺人祝，且以爲爲子望。

壽竇師母八十叙

余嚮備員囧寺，念家太夫人春秋高，屢疏陳情，乞歸省，弗獲俞旨。既有南廷尉之命，乃得便道入里，斑舞膝下者累月，且促舍人裝南轅矣。而里中竇生如珂詣余，言其叔母趙夫人壽八旬，諸侄若孫稱觴爲賀，屬余有言。余欣然曰：“親其親以及人之親，人情乎？以壽家慈之心壽竇母，固不佞之樂于有言。”矧竇母匪伊異人，則竇先生山泉之配也。

余少從竇先生受《毛氏詩》，日侍函丈下。先生下董帷擁皋帳，昕夕與儕輩切磋鉛槧之業，諸弟子執經問難者環相向也。先生壹意講解指授，不問家人生產，則夫人内助之力也。迨其稱未亡人，二子方弱冠讀父書，諸女未笄，一切衣食婚嫁之費，皆取給于夫人。已而，抱諸孫，含飴和熊，慈而能誨，以故桂郁蘭苗，濟濟森森，咸有成立。則夫人義方之訓，又可考鏡矣。晚年持受慈氏戒，每蔬素焚修，誦經諷偈，蓋深信于福田利果之説，爲子孫長久計者，意更切也。夫人勤儉慈惠之德，終始一致，所謂貞也。貞者婦道也，亦壽道也。《易》曰：“恒其德，貞，婦人吉。”又曰：“安貞之吉，應地無疆。”夫惟貞而後能吉，能恒而無疆之壽臻焉。自兹以往，萬有千歲，皆由此致之。則貞之所貴者，大矣。《易》又曰：“元亨利貞。”夫貞爲四德之終，旋爲四德之始。貞復元，元爲善之長，則其所以苞孕者，弘而昌，遂之盛，生生不已。夫人以貞德持于上，而若子若孫，繩繩振振，列黌宮而騰駿譽，其元之始乎？自是擢峻躋膴，登通顯之衢，而竪俊偉之業，則以亨以利，皆夫人貞德所貽也。行且膺十札之封，受千鍾之養。異日者將庚言以爲夫人祝，固不啻如今日已也。

校勘記

〔一〕"暇"，據文意當作"暇"。

〔二〕"轍"，當作"輒"。

〔三〕同上。

〔四〕"秼"，當作"株"。

〔五〕"裏"，疑應作"裹"。

〔六〕"太恭"後疑脱一字，據前文義當作"太恭人"。

〔七〕"橡"，當作"㨿"。

記

成湯廟記

里中坪上村，有神廟一區。其正殿三楹，以奉成湯。左室以奉關神，右室以奉子孫神，翼以兩廊。其二門外，左有五道祠，右及兩廊則皆書室也。內有歌臺，外有重門，地勢塏壒，規模弘麗，亦一方之奇搆也。

創始莫考，勝國及我朝，皆重修有記。迨至于今，歷年既久，漸就敝壞。棟宇摧折，墻垣頹圮，幾不可爲棲神所矣。國子生劉用健謀于有衆，圖更新之。衆議僉同，乃屬庠生王爾標、耆民繆汝忠、王爾托董其役。釀金庀材，鳩工舉事，埏埴畚鋪，鑢鑿圬塈，次第備舉。不數月而告成。經始于某年月日，落成于某年月日。赫然煥然，廟貌一新矣。諸生劉用作、王爾相，偕儕輩二十餘人，謁余請記，以圖不朽。

余曰："君亦知夫祀典乎？禮聖帝、明王、功臣、烈士，德澤茂弘，英靈昭著者，則有祀成湯以寬仁聖武之德，伐暴救民，功垂奕代，載在祀典。有建廟于郾師者，有建廟于亳都者，有建廟于汾陰者；然皆天子之祀，非庶人所得祀也。吾鄉濩澤、泫民[一]、析城、沁水，凡數百里間，居民村落，輒有成湯祠，則不知所謂矣。說者謂成湯桑林致禱，六事自責，而甘霖隨澍。桑林故在析城之南，吾鄉之民感仰明德，而尸祝奉之，百世如一日，焉是或然矣。乃關神即正直明威，要難與成湯並列。至子孫神，則婦人女子朝夕而祈禱者，詎可容媟褻于左右也？顧秩祀典禮，不可爲鄉人道耳。余獨取夫書舍之設，大有造于一鄉也。古者鄉有庠，黨有序，群弟子而訓迪之，是以教化風俗美而善人出，綦隆之理，率繇此興。今書舍之設，儻亦先民之遺意乎？歷世以來，父兄知所以教，子弟知所以學，陶鎔于詩書禮樂之訓，而漸染于孝弟忠信之行，風化淳懿，人文蔚起。若劉大司空東星，崛起甲第，位躋上卿；楊學博鉛、王州守汝濂，奮迹賢科，敷宣政教；劉貢士東郊、東津、用行，王貢士爾聘，明經里選，觀光上國。他如素封之賚，盈于里巷；仁讓之習，遍于交衢。其所得學舍之益者，非淺鮮也。即今譽髦之士，彬彬濟濟，殆不乏人。嗣是而後，闡繹前麻，光紹令緒。入廟思敬，每懷顧諟之忱；敬業樂群，用纘日新之學。則富庶之業，可以永延，而大司空諸人之芳緒，行將再振斯廟也。庶其常存而不毀，已敝而復新乎？君輩其以余言爲然否？”

諸生再拜，曰：“唯！唯！修廟細事也，緣修廟而念及于風化人文，則惠吾鄉者甚盛，敢不拜受明賜以傳之奕世？”遂書爲記。

又成湯廟記

寶莊之西北里許，有成湯祠一區，正殿三楹，群祠、門廡三十餘楹，規模宏闊，體勢尊嚴，一鄉之人所瞻仰而敬事者也。創建不知何時，然廟額有金承安五年之書。考其時，實宋寧宗慶元六年庚申也，繇宋而元，以至今日，蓋四百餘年矣。我朝正統、嘉靖間，兩次修葺，然物力未充，營謀勿售，終不能堅且久也。數十年來，嘉賴神麻，默相陰佑。一鄉之中人文蔚起，科第聯翩，閭閻充盈，貨財豐積，生計有餘。而善念興起，乃相聚族而謀，曰：“吾儕小人，享茲樂利，神實福我，寧可忘報？而廟貌頹傾，瞻視弗肅，享祀雖豐，神其吐之矣。"于是釀金庀材，鳩工趨事。三越歲，而棟宇聿新，垣墻整飭，巍然煥然，非復向之敝陋矣。神靈安妥，人情欣暢，歲時伏臘，奔走饗賽，以答明貺而介景福。蓋將垂之百世無窮也。于是，鄉人問石言于余，以紀歲月。余曰："神明無親，克敬惟親。《詩》曰：'聖敬日躋，昭格遲遲。'"即成湯受球共而式九圍，有外于敬耶？夫敬之一言，雖薦紳章縫之所習聞，猶恐不能持之念慮，又惡可與鄉人道也？唯是一隙之明，可以牖啟；一行之善，可與擴充。即今之慷慨幕[二]義，捐貲赴工，可不謂誠？而苟嗜利忘義，智紿力取，即罄千金以奉神，神弗福也。牲牢博碩，粢醴明潔，可不謂敬？而沉湎崇飲，孝養弗修，即備九鼎以享神，神弗嗜也。舞榭歌臺，籥舞具備，可不謂和？而凶逆暴戾，傲狠恣睢，即宣九奏以樂神，神勿聽也。對越駿奔，趨蹌傴僂，可不謂恭？而驕淫侈肆，暴慢惰逸，即竭百體以禮神，神弗視也。入廟有神，而尸居屋漏亦有神；承祀有神，而出往游衍亦有神。見神于心，則必不敢有佚志；見神于事，則庶幾乎虔共明威，而昭受洪庥。鄉人所以自求多福者，道固此矣。若顧諟之忱，日新之學，以仰追成湯心法之傳者，則于薦紳章縫之士有厚望焉。至于區區報應之說，與夫焚修祈禱之事，則俚俗之常譚，可略而弗論也。

是役也，經始于萬歷戊午，落成于天啓辛酉。費錢若干緡，首事、施財人，勒名于碑陰。

玄帝廟記

明興熙平，二伯餘祀，閭澤罔洽，生齒蕃阜，物力豐盛。十室之邑，皆知崇善饗義而敬共神明。

余里居寶莊，北有隙地。術者謂："位當玄武，宜建玄帝祠。"里中父老，相與僉謀營造之。始創正殿三楹，嗣建角房二楹，兩廊房各三楹，門三楹。又造露臺、供卓，皆以石爲之。經始於嘉靖辛亥，落成於嘉靖甲子，增葺於萬歷癸巳，前後更四十餘年，而後功用大備。里人龔石，屬余記之。

夫作廟以祀神也，神固孔子所不語者，非不欲語，實難言之。至老曇二氏者出，言鬼神者始紛紛矣。其説悠謬玄幻，變怪百出，大都皆其徒杜撰附會，以勸誘愚俗，亦非聃笠所云爾也。儒者病其説之誕而滋世惑，始推本於理氣，而卒歸之不可知。蓋不可知而後謂之神，不可知而欲知之，非妄則鑿。妄與鑿君子不道，兹孔子所爲不語神也。夫神不可知，乃其炳靈赫耀，爲世所崇奉，如玄武云者，將安在也？蓋天地鼓鑄品類，幹[三]運玄功，必有神以尸其柄，而列於方隅，顯於星辰者，惟北極爲至尊。玄武者北極之象也，握斗樞而運四時，成歲功照，臨萬宇而亘終古，此其最炳靈赫耀者。若煉形修性，飛昇變化，如傳所云爾者，則不可知，故不可得而言也。或者曰：“儒者之譚，謂自天子以至庶人，各有秩祀，無相瀆也。今以編泯[四]而崇祠宇，修焚禱，無乃事媚非經歟？”曰：“此舉出於鄉人，固未可以儒者之道道也。以儒者之道道鄉人，即吾與若所稱説者，鄉人固駭且異矣。鄉人者，誰不憚尊嚴之象，而惕禍福之論？夫有憚與惕之心，則内不敢有淫思，而外不敢有越行。内無淫思而外無越行，則積善致福之道也。書作善降祥，夫非儒者之言乎？”乃鳩工、首事之人，前後數十輩，則載在石陰矣。

關聖廟記[五]

自古英雄之士，樹節烈於當時而垂鴻名于後世者，代不乏人。至于神威顯赫，歷千百世而不磨，盡億兆之人心，咸敬畏而尊奉者，蓋莫如關帝云。

帝當炎漢之末，左右昭烈以弼，成鼎足之業，厥功懋矣。而當時之所以稱帝者，不過曰“萬人敵”耳，曰“勇冠三軍”耳，曰“威振華夏”耳。曰“明燭待旦”，語其節耳；辭曹歸劉，語其忠耳；立功報效，義釋曹瞞，語其信耳。至于帝之神識淵謀，度越千古，自漢以來未有能窺其微者。漢室不綱，群雄割據，當時智勇之士，視強弱爲向背。昭烈雖帝室之胄乎，然伏在草莽，無尺土之階，一命之榮，誰肯委身而事之者？帝傾蓋逆旅，一言契合，千載盟心，間關于顛沛流離之中而不忍去。此豈徒以意氣相期許，如古俠士之儔哉〔六〕！蓋真知夫昭烈〔七〕之才可以有天下，而又真知夫帝室懿親，足以紹高帝、光武之統，而非袁、董、孫、曹僭逆之輩所可比類也。昭烈識孔明于隆中〔八〕，説者以爲古今第一奇事。雲長之識昭烈，何異于昭烈之識孔明〔九〕？何論者不能同類并稱之也？至于徐州之戰，受昭烈妻拏〔一〇〕之托，奔敗之後，何難一死以明志？而委曲歸漢，以全夫婦君臣之義，此豈悻悻小丈夫者之所爲哉！深謀遠慮，又有出常情惻度〔一一〕之外也。及西蜀既平，荆襄是鎮，毅然有廓清中原之志。而東吳造孽，阿蒙掩取，蓋天之不欲祚漢，非智慮有所不逮也〔一二〕。正直剛大之氣，鬱抑而未發者，豈能瞑目于九泉？于是在天之靈，磅薄於宇宙之間，質之若臨，呼之若應，上自天子，下至匹夫，無不敬畏而尸祝之者。前代加以王爵，我神宗復尊以帝號。猗歟休哉！名與天壤俱敝〔一三〕矣。

薄海之內，自通都大邑，以至三家之聚，無不廟祀。里中舊有帝神祠，附在佛堂之左，其制狹小，且非專祀也。鄉人張鴻基等倡議，建祠于成湯廟之西。正殿三楹，角室四楹，兩廊十四楹，門五楹，拜亭一座〔一四〕。規制弘敞，體貌森嚴。里中歲時享祀，而瞻仰尊奉之，誠得有所寄于無窮矣。是役也，昉于某年月日，成于某年月日，共費緡錢以若干計〔一五〕。余因記作廟之始末，而并追繹帝之神識淵謀，以闡古今所未發之秘，或亦有鑒于帝心也。

樢山大雲寺經閣記^{〔一六〕}

樢山，沁之名山也。自麓至巔僅三里許，而獨以名勝稱爲秀異也。山不産他木，惟生柏與松，彌漫茂密，翳日蔽天，穿林而入，清陰滿路，蒼翠之色，歷四時不變，故云秀異也。蘭若一區，在山之陽，靈氣氤氳，每多雲物，朝霞暮靄，變幻千出，故寺以"大雲"名也。棟宇軒豁，法象森嚴，飛閣凌空，璇題耀目，結構之奇，若出天巧，自匪離輸，莫能建也。

寺肇於拓跋魏時，迄今千有餘年，朝代幾更，兵燹屢作，而殿宇從無毀敗，則鬼神所呵護也。三松列植於殿前，皆大十圍，高千尺，玉幹挺生，虬枝旋舞。儼三壽之作朋，知九泉之莫識，則又海内之僅見者也。寺西百餘步，珠泉迸出，注于石窟，清冽甘香，不盈不涸。太華之玉井，虎丘^{〔一七〕}之惠泉，可仿佛也。疊巘拱揖，翠屏旋繞，沁流環抱，玉帶縈迴。憑欄遠眺，城郭村疃，俱在目前，宛如圖畫也。積雨初晴，夕陽禽噪，清風徐至，皓月飛來。疏鐘幾杵，鼓天籟以齊鳴；梵號千聲，醒迷機以共覺。衲子彈棋，消遣閑中日月；禪僧入定，鍊磨静裹乾坤。山中之景況，又超物外，而別有一天也。余里居寶莊，近在山前。自角丱而白首，遊此非一朝矣。佳山勝境，每欲叙述而未遑也。邇者，釋迦殿左右，有經閣^{〔一八〕}，西南有地藏殿，年久敝壞，寺僧興澤輩募化而新之，請余爲記。余既未達於貝經之旨，且弗解於輪回之説，殆無以應其請。姑以耳目所習見，秀異勝迹^{〔一九〕}，筆之於此，以示後之遊觀者覽焉。其修理殿閣鳩工首事與施財檀越，列在石左，不具論。

祖塋碑記

余先祖自宋以前，世代遼遠，譜牒不存，靡可得而鏡云。元時，有遠祖自陽城匠里徙居沁水之寶莊。厥後，宗支蕃茂，子孫眾多。迫入國朝，始析爲二里，別爲三籍。二里者，曰西曲，曰鹿路北；三籍者，曰民，曰匠，曰軍。大都居西曲者十之九，隸民籍者十之七。

其初有阮家坪墓，凡張姓者共祖之。其次有凹子墓，民與軍者共之，而匠籍者不與焉。又其次有此二墓，民籍者共而軍籍者不與焉。此三墓之始祖，亦不可考。其可考者，惟余七世祖聰，以永樂丁酉發迹鄉科，葬在此墓之左三班內，可誌識。其他可知者，或三四世，或一二世而止耳。夫凡爲人後者，孰無追遠之忱？而傳世率至遺忘，則仁人孝子所隱心而恨者。矧後之視今，猶今視昔，不亟爲之計，則繇茲以後，將愈遠愈失，益無所取證矣。

余父官始謀於族人，礱石爲記。即先世名字，所可識者，刻於石陰，而併其子孫附於下，分支別派，以辨親疏，列名係系以昭統緒。且令群族之眾歲時享祭，禆後世得有所考，以興纘承之思；得有所守，以隆孝享之儀，一世二世千百世無極已。然積慶貽麻，以垂裕後昆者，先人事也；恢猷闡烈，以光顯宗祖者，後人事也。《詩》曰：“無念爾祖，聿修厥德。”凡我族人，均有念祖之忱，可不於修德加之意乎？尚其勤本業以治生，而無即荒淫；崇儉朴以制用，而無事侈靡；敦孝弟之行，而無以下犯上；廣慈恤之澤，而無以尊凌卑；弘任恤之恩，而無以强暴弱；守義命之正，而無以貧懷富；其才而賢者，又當移孝爲忠，蘄於茂勛樹伐，而無以貪進苟禄，貽先人羞。則我祖在天之靈，必且鑒明德之馨，泯怨恫之念，貽靈寵之眷，敷佑啓之仁。昌熾盛大之祥，胤祚壽考之緒，有申錫於無疆者。祚氏之興，其在茲乎，其在茲乎？

校勘記

〔一〕“民”，當作“氏”。

〔二〕“幕”，當作“慕”。

〔三〕“幹”，當作“幹”。

〔四〕“編泯”，疑當作“編珉”。

〔五〕此文又見光緒《沁水縣志》卷十一《藝文》，題曰《西曲里建關帝祠記》。（以下簡稱“《縣志》文”）

〔六〕“如古俠士之儔哉”，《縣志》文作“如古者豪俠之士哉”。

〔七〕“蓋真知夫昭烈”，《縣志》文作“誠”。

〔八〕“昭烈識孔明于隆中”，《縣志》文作“夫昭烈識武侯于隆中”。

〔九〕“雲長之識昭烈，何異于昭烈之識孔明”，《縣志》文作“帝之識昭烈，亦無異于昭烈之識武侯”。

〔一〇〕“妻拏”，《縣志》文作“妻孥”。

〔一一〕“恻度”，《縣志》文作“測度”。

〔一二〕“非智慮有所不逮也”，《縣志》文作“非帝之智慮有所不逮也”。

〔一三〕“俱敝”，《縣志》文作“俱不朽”。

〔一四〕“正殿三楹，角室四楹，兩廊十四楹，門五楹，拜亭一座”，《縣志》文無此二十字。

〔一五〕“是役也，昉于某年月日，成于某年月日，共費緡錢以若干計”，《縣志》文無此二十三字。

〔一六〕此文又見清張銓《樏山志·文辭第六》，題曰《畫廊記》。（以下簡稱“《樏山志》文”）

〔一七〕“虎丘”，《樏山志》文作“錫山”。

〔一八〕“有經閣”，《樏山志》文作“翼以經閣，閣前有畫廊”。

〔一九〕“秀異勝迹”，《樏山志》文作“秀異奇勝之迹”。

説附《募緣疏》

三松説〔一〕

楢山三松，列植釋迦殿前。中左二株，圍各二丈五尺；左一株差小，然其高皆數尋也。膚理瑩膩如雪，蓋山中萬松皆然，而此其大者耳。山中人習見之，不以爲異也。

余嘗陟岱嶽，中道有五松，柯幹尋常，非有殊異，而説者謂此秦皇所封五大夫也〔二〕。蜜縣〔三〕有白松一株，睹者異其色，爲之歌咏，爲之繪圖〔四〕，以爲寓内第一松矣。抑豈知此山有三松乎〔五〕？玉骨凌霄，瓊枝插漢。視岱嶽五松，不啻藐小；方之密縣，彼一此三，其數不敵也。然數千年來未有稱其奇者，蓋托根巖寺，岑寂巉嶮，無論車駕所不到，而文人墨客亦罕有涉其境者。安得與泰山、密縣同被榮名也〔六〕？

余因是而知天下士矣。彼其據高位，履亨途，即一材一能，皆可樹勳名，而垂竹帛。若山林高隱之士，閎才瑰抱老死無聞者，可勝數哉！四皓之才未必劣於三傑，桐江釣叟且超雲臺而上之。若匪高光之世，亦泯泯無聞也〔七〕，吾于三松乎有感！

姓氏説

按《帝王五運歷年紀》云："人皇之後，有五姓、四姓、七姓、十二姓，則姓氏所繇肇也。"陸法言引《風俗傳》云："張、王、李、趙，爲皇帝賜姓。"又云："周宣王之弟，善爲弓矢，

乃賜姓爲張。"及考《六月》之詩曰："張仲孝友。"夫吉甫伐玁
狁，乃宣王初年事。而張仲已爲大臣，主飲至燕，其非宣王弟可
知，當以前説爲是。春秋、戰國，見於史册者，有張老、張孟
談、張議〔八〕、張禄，及張良之先五世相韓。漢以後，則張姓繁
多，不可勝紀矣。史遊作《急就篇》，不載張姓。唐孔志作《姓氏
譜》謂："張無聞人，不入譜。"然自張文成而後，明德之士代不乏
人，而謂張姓無聞人，何也？此皆考究疏略，意見偏謬，不足爲據。
嗣是以後，迄於元世，張、王、李、趙、劉，稱五大姓，而張寔爲
冠。迨國朝，則氏族繁衍，散處寓内，益爲望姓云。

附：募緣疏

修東海神廟募緣疏

　　蓋聞玄工布澤，沛膏潤於無方；明德薦馨，儼精靈於有赫。
冀神心之感格，必廟貌之崇嚴。猗惟東海，坎德鍾靈，震方奠
位。納百川而並匯，儷五岳以稱尊。疏派引潢，浮星辰而浴日
月；積流橫軸，含島嶼而浸乾坤。施雨興雲，士女享豐年之慶；
運舟通楫，賈商資利濟之功。修鯢若陵，繫長竿而慊任公之釣；
巨鰲如市，照皎夜而漾隋侯之珠。麗汁成鹺，則絳雪晨敷於琪
樹；熬波出素，則玄霜夕湛於玉潭。凡兹品錯之彙興，孰非神功
之默運。是以虞廷肇祀，特隆秩望之儀；唐室建宫，載舉垣墉之
製。翬飛鳥革，□雲漢以爲章；松茂竹苞，奠鰲維而立極。肆惟
昭代，益備徽猷。太祖正位號以尊崇，特敕先朝之謬；列聖遣公
卿以秩祀，聿垂後嗣之規。瑤簡焕宸章，舞鳳高翔於海屋；珉碑
勒寶翰，蟠螭對峙於龍宫。自昔巍然，於今炳若。豈期福地，頓

起禍緣？朱鳥兆殃，熒惑先施於鴟吻；赤熛煽虐，衝風遍及於蠡宮。榱桷棟梁，頃刻而成灰燼；門廊殿廡，須臾而化丹丘。棲神像於蓬蓆之中，豈堪對越？展祀禮於瓦礫之內，何以駿奔？行路興咨，商旅裹足。歷朝之創造，有其舉之；今日之經營，何可廢也？乃天高聽遠，發帑既難以叩閽；而廩竭庚空，括藏終成乎築舍。爰茲衆議，特舉募緣。王公慕義，豈吝朽蠹之餘；君子好施，不惜篋蠹之羨。匹夫匹婦，但存喜捨之歡心；一粟一絲，盡是須彌之功德。注瓶罍而資溟渤，誰謂無深？積塵埃而助岱崇，益增其大。鳩工蓑木，畚鍤並用於一時；革故鼎新，經始可成於旬日。曜金瑤以爲闕，丹楹刻龍女之羊；次玉石以爲堂，朱拱瞰鮫人之室。畫壁燦黿梁以爭麗，篆銘楷螭駕以駢高。殿宇聿成，神人胥悅。英靈丕應，祥雲擁護神京；顯貺於昭，膏澤常施東土。將使王孫帝子，鞏帶礪於萬年；朱紱青衿，登膴崇於三事。天吳遠遁，檣帆無摧決之虞；蜩象潛踪，閭里享康寧之祚。欲求福利，盍結善緣；謹發虔誠，廣行募化。

校勘記

〔一〕此文又見清光緒《沁水縣志》卷十一《藝文》，題屬《大雲寺三松説》。（以下簡稱“《縣志》文”）

〔二〕“柯幹尋常非有殊異，而説者謂此秦皇所封五大夫也”，《縣志》文作“柯幹尋常無異，人指爲秦封五大夫松也”。

〔三〕“蜜縣”，《縣志》文作“密縣”。

〔四〕“爲之歌咏，爲之繪圖”，《縣志》文作“爲之歌詩繪圖”。

〔五〕“抑豈知此山有三松乎”，《縣志》文作“抑豈知楹山之有三松乎”。

〔六〕“安得與泰山、密縣同被榮名也”，同前作“不與泰山、密縣同，其所托者然也”。

〔七〕“亦泯泯無聞也”，《縣志》文作“其爲老死而無聞一也”。

〔八〕“張議”，當作“張儀”。

言

質　言

　　守己欲嚴，臨不義之財，不可以身爲壑；容人欲寬，御不齊之衆，不可以身爲壑。

　　火上炎，逆氣也，當之者必害；人之怒如火。水下潤，順氣也，遇之者必容；人之忍如水。怒，不獨害物，而且以戕元氣；忍，不獨容物，而且以頤元神。

　　善治身者，增一善，不如減一欲；善治民者，興一利，不如除一害。

　　當天下之大任者，必有定見，有定力，有定守。三者闕一不可。

　　去惡不欲盡，董卓誅，而催[一]汜不可不赦；去惡欲盡，武氏去，而三思不可不誅。一失其當，則有殃身禍國之患。

　　器有餘而識不足者，霍光也；志有餘而才不足者，孔融也；才有餘而氣不足者，崔浩也。

　　並駕而先馳，則同行者忌之矣；並荷而弛肩，則同負者嗤之矣。

　　省慮可以養心，省言可以寡過，省事可以怡神。假嚬笑於左右，則叢神可借；寄耳目於近習，則虎威可借。

　　求已放之心，不若防未萌之欲；追既往之愆，不若慎將來之動。

　　廉潔正直，可以律己，而不可以形人；剛方嚴峻，可以持身，而不可以傲人；謙恭和易，可以處衆，而不可以媚人。

玉厚則貴，器厚則堅，基厚則固。故君子居其厚，不居其薄。

養稂莠而妨嘉禾，非良農；惠奸慝而戕善人，非良吏。

高車駿馬，騁足康莊，不可無銜蹶之虞；樓船畫艇，鼓棹中流，不可無覆溺之慮。

煦煦以爲恩，欲人之德我也；然恩不可以常繼，則德者怨。硜硜以爲諒，欲人之信我也；然諒不可以常執，則信者疑。故小惠、小信，君子不爲。

操無欲上人之心，則所居必安；存不敢先人之心，則其步必穩。

君子見人之善，則羨之稱之，喜其與己同也；小人見人之善，則忌之毀之，惡其與己異也。是以，君子之善日增，小人之惡日積。

聞譽言而喜者，招佞之囮也；聞毀言而怒者，取禍之機也。君子聞譽言而省，苟過其情，方慚愧之不暇，奚以喜？聞毀言而省，苟當其實，方克治之不暇，奚以怒？

腴百姓之膏以肥家，子孫必蕩；輕無辜之命以飾威，鬼神必殛。

拂意事常多，快意事常少。當拂意而憂，則動心忍性，爲進德之基；當快意而喜，則恣情縱欲，爲敗德之蠹。

渾然不露圭角，與和光同塵者，作爲須要有別；儼然人望而畏之，與色厲內荏者，氣象自是不同。

以愛憎枉是非，不明之罪小；以勢利枉是非，不公之罪大。

事事可與人言，猶可矯飾而能；念念可與天知，不可勉強而及。故視其所以，觀其所繇。

昔人謂治國易齊家難，以法不可行於家也；然未有不齊家而能治國者。檢身易制心難，以欲不可防於念也；然未有不制心而能簡身者。

漢之謀臣，無如留侯；唐之謀臣，無如鄴侯。然留侯善藏其用，故上不疑下不忌；鄴侯自多其智，故上疑而下忌之。

知雄守雌，知白守黑。魏舒、高允可以語此，故能免禍於亂世。

孔明不死，未必能取關隴；鵬舉不死，未必能復中原。論者每有遺恨，惜其志與才也。

忿易遏，欲易縱。中人之學當以懲忿窒欲為第一義。餓夫得半菽，不勝其甘，而日食萬錢者，猶云無下箸處；寒夫得半縕，不勝其喜。而田園徧海內者，猶晝夜執牙籌。貧賤之願易盈，而富貴之欲無涯也。然二者易地，則皆然。

儒者之學，定靜安慮；佛氏之學，靜定圓覺。二者語意相似，然儒者先定而後靜，以致知為入門也；佛氏先靜而後定，以頓悟為造徑也。

視聽言動，有多少難禁的情欲？子臣弟友，有多少難盡的道理？聖賢只就這裏用工夫，便是下學而上達。非若後人講學，徒託之空言也。

矜己之長，護人之短，不可語涉世；記人之短，棄人之長，不可語奏功。

少思慮，寡嗜欲，節飲食，戒嗔怒，養身之要術；謹言語，慎舉動，袪傲惰，屏刻薄，涉世之良方。

一語欺罔，後雖有忠信之言，人亦疑之矣；一事貪污，後雖有廉潔之行，人亦議之矣。

經史緒言

《大學》"誠意"一節，只"毋自欺"三字已說盡了。"慎獨”即是“毋自欺”，非有兩層事。朱子注云：“然其實與不實，蓋有他人所不及知而己獨知之者，故君子必謹之於此，以審其幾焉。”則是欺慊之後，方纔慎獨矣。豈知既已實矣，即是自慊，何所用慎？既己不實，即是自欺，又何能慎？考亭于此似未參透。

余自幼讀書，便覺其差。萬歷庚戌會試，以此一節命題，程文元魁，俱依朱注，皆不透徹。惟進士王瀠直以“慎獨”爲“毋自欺”，方得書旨。此文宜存之，以爲傳注可也。

“格物致知”，是《大學》入門之始。孔子所謂博學、審問、慎思、明辨，此義已了然矣。如考亭所謂“即凡天下之物，莫不因其已知之理而益窮之，以求至乎其極”，則泛而無當矣。天下物理有可知者，有不可知者。其不可知者，雖聖人不能知，亦不必知，何必盡天下物而窮之，以求至其極也？王陽明以格物爲格去己私，則其功又在誠意之後，更爲不通。近世又有云：“格，來也。”謂“萬物皆備於我”，使物來歸於我，便爲格物。鄒南皋亦立此説，又屬穿鑿。

朱子解“天命之謂性”云：“即理也。”其説本於程子。愚謂理者性中所具之物，以理爲性，猶未是。若曰“天命之謂理”，可乎？

朱子解“仁”爲“心之德，愛之理”。心之德，是矣。愛之理，猶未當。愛即理也。愛與理，猶有別乎？

“致中和”，“致”字説得廣，推而極之者，博厚、高明、悠久、“九經”、“三重”皆是。但云“至静之中，無少偏倚”、“應物之處，無少差謬”，覺淺。

“天地位，萬物育”，亦是實事，如歷象授時，封山浚川，驅蛇、龍、虎、豹、犀、象，教稼穡，明人倫，皆是。

斯螽、莎鷄、蟋蟀，原非一物，亦非因時而變。秦晉所在有之。朱注不知何所本。

《唐書》載：常衮爲相，務別賢否，不徇請托，人呼爲沓伯。注云“沓伯，錐柄也”，不知何謂。及讀《小史》云：“衮不聽請托，有請托者，即以‘沓伯’呼之，言其代人鑽刺也。”其義始明。宋人修《唐書》，截去一句，便自不通。

帝堯壽二百歲，在位五十年，舜攝政十八年，共七十八年。然則即位時，已百二十二歲矣。

武王壽九十三歲，即位十三年伐紂，即大統者九年，然則即諸侯位時已七十一歲。即天子位時八十四歲。又成王十四踐祚，則武王八十歲所生也。成王尚有弟，不知幾人。

漢殺韓信，而田肯致賀。可見諸臣無不欲死信者，不獨高祖忌之也。功高而氣傲，自有取死之道。

王允誅董卓，因殺蔡邕，古今共惜之。及讀《蔡中郎文集》，有《薦董卓爲相國》之疏，則死亦非冤矣。謝弘微雅度冲襟，超邁流俗，宜膺多福。而長鬼遣誅，神明何意？豈封書二函，皆劉裕篡奪之謀，而弘微特與共其秘計耶？

謝混論靈運輩，策其成敗，有若指掌，識鑒昭朗，自宜遠禍，而卒見誅夷。貪權傲物，正自不知耳。

元魏宗臣不乏明德，若勰若澄，皆可以寄維藩之托。而疏忌不用，委任凶邪，宜其亂亡相尋也。

元順處昏亂之朝，而抗直不回，足有史魚之風矣。太后之恣暴，權臣之縱肆，且猶服其正論。魏雖夷風，直道猶未忘也。

元彧避難歸梁，殊被寵禮。迫其欲返，而梁武亦不之強，可謂有君人之度矣。

崔浩才智足比子房，而器不足以居之。至於夢鬼爭義，盡得周公、孔子之術，其說固已謬妄；而立石書史，播揚國醜，衆怨所歸，安得不族滅也？至使崔、盧、郭、柳中原望族，盡被誅

夷，亦慘甚矣。崔浩搆害李順，含冤報復，固已見之夢兆矣。至
於禁妻佞佛，焚經投溷，抑何甚也？及其被收，大被僇辱，史氏
以爲報應之驗，其然豈其然乎？

于謹魏之重臣，史稱其耆年碩德，譽高望重，禮備上庠，功
歌司樂，綦盛矣。惟是宇文護之專擅，幾至傾覆魏室，謹寔贊成
之，不能無遺議也。

王陽明性極靈，才極高，識見機權，俱非人所能及。蚤年豪
放不羈，既而以名節功業自見矣，猶以爲不足超世也。乃欲以道
統自任，拈出"良知"兩字，自以爲獨得之見，而學者翕然從
之，以爲超程、朱而上之矣。豈知"良知"、"良能"孟子所已
言，二者不容偏廢，而致知之學，又從古聖賢道之，豈必以此自
異也？至云"無善無惡，性之體；有善有惡，性之用"，分明是
告子之說。陽明若當春秋之世能爲管、晏，不能爲孔、顏；當戰
國能爲蘇、張、孫、吳，不能爲孟子。陽明之於孔孟，其於"五
伯"之"三王"乎？

校勘記

〔一〕"催"，當作"催"。

檄

率屬諭民檄

爲肅吏治，正民風，以靖地方事。

照得吏治污隆，風俗善敗，皆民生休戚所關，而地方安危所係也。第飭吏安民，即非可以空言喻，而莫或令之，亦安望其必從也？本道謬膺簡書，句宣兹土。受事以來，適值大祲，拯荒弭盜，日不暇給。幸而天心悔禍，錫祉降康，民喜更生，吏無旁午。然殷憂艱苦之後，當有惕厲儆戒之思；吏治民風，此一更新之會。謹條列數事，願與諸吏民共守之，諸吏民其無土苴餘言，則幸甚。

諭吏八款

一重操守。居官以清白爲第一義，即五尺之童，亦能言之。第財利易以薰心，而乘威勢以求之，其欲又易遂。無論貪夫殉財，即有志之士，始未嘗不勵節，而終多點染也。故有徵收而索加耗者，有起解而扣羨餘者，有理訟而濫科罰者，或減衙役之工食，或短行户之價值，或受僚屬之饋遺，或取吏民之貢獻，或假營造而科索，或借交際而攤派，或指公用而借貸。甚者潛通關節，寵賂滋彰，苞苴一入，黑白頓易，諸如此類，難以縷數。多方括取，非不肥身家而明得意，但小民之口碑難掩，上官之聽睹最公。一登白簡，輕則褫斥，重則逮問，羞士民而辱宗祖。雖孝子慈孫不能爲之諱矣。間有巧於彌縫，工於結納者，亦能欺衆目致通顯；而造物無私，乘除不爽，豈專厚於貪吏之後，不至敗覆乎？亦可思矣。

一公聽斷。不平則鳴，訟人所時有也。伸冤理枉，正有司事。兩造具備，虛公以聽之，當無有不得情者。第無任喜怒，無主先入，無徇請托。事情輕小者，可釋則釋，欲和則和，有應問罪定其輕重，即時畫供。毋令吏書得上下其手，因而挾騙。人命須自己檢驗，無委佐領，無厭穢惡，聽仵作捏報傷痕，一不得實，便成疑獄。盜賊亦須親審，初情既實，後自難移。至於奸詐刁徒，捏詞唆訟，更宜重處，以懲惡俗。

一慎刑獄。夫刑以懲過，不得已而用之。寧輕無重，寧少無多。至夾棍等非常之刑，非重大事情不可輕用。殘肢體，傷性命，非爲民父母者所甘忍也。詳刑要語，不可不覽。監禁囚犯，最宜防範，更宜寬恤。至於牢頭監霸，不但挾制吏卒，凌索衆囚，而越獄反獄，大率皆繇此輩倡之。各州縣查得有此等名色，即宜芟除，毋貽〔一〕後患。

一清案牘。夫文移往來雖細務乎，而政事之修廢，才力之敏鈍，精神之勤惰，皆於此係之。近見各屬比較簿內，遠年難完者無論已，即近日易完者多至廢閣。如某一事曰“見今拘審矣”，某一事曰“見今具招矣”，某一事曰“見今申報矣”。至下次比較，亦復如是。即一二年後，亦復如是。想有司止憑吏書開揭，曾未嘗一寓目也。倘一寓目，將有汗顏而不自安矣。軍徒遣發追贓，難完者固當羈比。若擺站，若的決，原無贓贖，亦三五年不行發落，此何故也？若上司批詞一到，即嗔越訴，多方羅織，不則高閣束之。又有偏護原告，多問罪贖以媚上官者，皆非良有司事也。

一崇實政。夫名與實，若形影然。故猥瑣齷齪、暗涊無聞者無論已，若潔己愛民，奉法循理，興利除害，扶良抑暴，一切以真心實意見之施行，何患乎名譽不彰也？乃智巧之士，內欲行其私，而外欲襲其名，多方粉飾，百計鋪張，非不赫然可喜；而稽其實，有大謬不然者。羊質虎皮，見芊則悅；玉表絮中，一剖無味。誰其掩之，誰其欺之也？曩者荒政初舉，一縣令條議數款，娓娓足聽，然實不能舉行一二，卒以敗去。昔年大祲，人民死亡，地土荒蕪者，不知凡幾。而每開報則云開墾若干，招撫若干，豈不大可異耶？此亦覈名實之一端也。

一正體統。夫居官者事上接下，各有定禮。高則亢，卑則辱，此一恒人能辨之。至於佐領僚屬，相習既久，則狎匿易生，且平日多批詞訟以利贖鍰，彼陰持其事而視我為易與。我不得不假顏色以徇之，日浸月積，以為故常。宴飲酣歌，謔浪放縱，勿謂無傷，而叢神已借矣。左右近習，無日不伺我之嚬笑，而我或倚信之寵嬖之，入則造膝附耳，出則左顧右盼，召侮長奸，莫此為甚。官邪之敗所由來矣，尚其慎之。

一捐嫉忮。夫人之才品，短長大小，較然不可欺也。棟梁榱桷〔二〕，誰得而易置之？彼不自揣量者，既欲以己之長，形人之短；又欲飾己之短，掩人之長。在己則未事而欲居其功，在人則已成而猶談其敗。名位相軋，則多方擠排；聲譽稍前，則百計沮毀。眉睫口吻，踥步動履，罔非機心機事之橫發，不知戈矛未施而肺肝已見，此自敗之術也。至若衙役積惡肆暴，鄰封關提問理，庇吝不發，多有因此而成嫌隙者，何其識之淺也？

一箴世職。夫武弁者流，其先世功在盟府，得之甚艱；國家爵及苗裔，酬之甚渥。承先報國，宜何如置念者？而奈何不然也？矢心奉公強自豎立者，不可謂無人，而饕餮窮奇，自甘不類，抑何其多乎？吮軍若狼，逐臭如蠅，傾儕若虺，避難如蝠，甚有覆載所不容，簡編所不載者，諸弁躬自蹈之。且自謂戒案徒懸，食租如故；革汰未久，管事如故，彼畏文網而守淡泊者，徒自苦耳。詎知積惡貫盈，憲典難宥？輕則充戍，重則拔黃，累世簪組，竟於爾身斬之，可不畏哉？以後見任各官，宜厚自檢飭，無負任使，積功累勞，自能邁迹。其空閑者亦當時習射藝，講誦《武經七書》《名將韜略》等篇，往誼克修，謀猷可試，上之人終不爾負。

諭民八款令鄉約解諭

一勤生業。夫天能生人，不能養人。然俱有耳目手足，心思智慮，皆可爲養生之具，而天地間物產財貨，未嘗靳人之恣取，則又皆可爲養生之資。惟老幼殘疾待人而生，若少壯之人，能勤其筋力，運其智能，爲士爲農，爲工爲商，以至掾胥醫卜，漁樵僕隸之輩，高者能致富貴，而下者亦可以足衣食。乃有游惰之徒，不事生產，日夕浪費，以致家業飄零，饑寒迫身，而猶且請謁干求，借貸誑騙，親戚閭里共厭棄之。於是弱者爲乞丐，強者爲盜賊，黠者托緇羽以募化，朝夕乞哀，曾不得一飽。倘遇灾荒，即填溝壑耳。若能守本分，勤生理，雖至愚極蠢，亦必有收而用之者。況其中又有智力過人者，曷不用之謀生，乃甘餓莩也？

一崇行誼。《周禮》“六行”教民，曰：“孝、友、任、恤、姻、睦。”高皇帝聖諭亦曰：“孝順父母，尊敬長上，和睦鄉里，教訓子孫，各安生理，毋作非爲。”夫民間日夕相與，不外父母、兄弟、親戚、鄰里。若父慈子孝，兄友弟恭，鄰里和睦，親戚愛敬，一家如一家，一鄉如一鄉，即此就是太平世界，又何有禍患之足虞？鄉里間有一個好人，行一件好事，誰人不稱讚？便是盜賊凶暴之徒，亦莫不有好惡真心。各里社鄉約若能時時講解勸諭，未必不觸發其良心，改行從善。又須爲鄉約者，自己生平無有過舉，方能勸得人。以後一社之中，若一年無爭訟，三年無盜賊，鄉約准給冠帶，以示獎勸。

一戢豪強。夫豪強有三：倚仗父兄家主之勢，魚肉鄉里，挾制官府，坐受投獻，白佔田產婦女，是爲勢豪；舉放私債，違禁取利，追逼私拷，強準產業，是爲富豪；設盟立會，喇唬行凶，邀截行路，平空打詐，是爲棍豪。三者，皆鄉里所側目，而勢豪爲甚。蓋富豪、棍豪，或告發，或訪拿，猶得以正其罪而懲其惡。惟勢豪，則被害所不敢言，官府所不敢問，惡焰橫張，怨讟滋甚。豈知天道昭彰，報應不爽，勢極則返，惡極必敗？試看富貴之家，良善忠厚者，必福慶延長；播惡貫盈者，一敗塗地，可不畏哉？

一禁刁訟。民間人命、盜賊、負冤被告者，不得不訟。至於些少爭競、曲直易分者，鄉里必有識事人，爲之勸解，自可息忿。有等愚夫不勝悻悻之怒，必欲告訴，一入城市，歇家代書之人，希圖營利，百方唆撥，恐狀不准，必假重情，以聳上聽。狀一准行，即串通衙役，哄誘打點，事未問理，受害已多。一年半載，連牽不已，父母妻子，日夕耽憂，典田賣產，以供盤費，此時懊悔亦已晚矣。又有一等奸民，自恃會說會寫，結連黨與，造捏事端，假充寫遠籍貫，妄告多人。及自關提，賄通差役，合謀打詐，得錢到手，不曰"俱無名籍"，則曰"原告逃走"。問官不察，即爲銷繳，以此得計；旋復又告，不明有司，慎毋任其愚弄也。又有一等奸民，專以唆訟爲利，見兩家富厚，稍有嫌隙，輒爲挑激，初則冷言淡語，以起疑端，積釁已深，便唆告狀，從中攬爲證佐。原被兩家，各倚爲腹心，及自見官，含糊不吐，只憑官斷。此又奸詐之尤，不可不察。凡爾小民，慎無輕聽。

一禁淫賭。夫傷生敗家之事，莫甚於嫖賭。凡富家子弟中才以下者，父兄教訓檢束不嚴，必有棍徒誘引，幫嫖幫賭者，一入圈套，便難脫手，日浸月累，不至家產蕩敗不已也。至于爭鬭起訟，傷生辱親者，又不可勝言。各城市鄉村，有容留流來娼婦，及開場賭博之家，最能招盜敗俗。鄉約人等，即行報官，究懲驅逐。通同隱匿者，一體究罪。

一禁圖賴。人生誰不好生惡死？乃無知小民，一遇鬭訟不勝，或錢債逼迫，輒尋自盡、刎頸、縊項、投井、服毒，自拚一命，爲子孫圖賴之資。甚有錢□凶暴之徒，將自己父母、妻子、老幼、疾病者，毆逼至死，即擡屍入讐家，打毀器物，哄搶財物，尋以人命具告。問官不察，輒行檢驗，及得真情，又憐其人死，不肯反坐，量追葬埋銀兩。彼將謂捨一無用之人，可以報怨，可以得財，將何憚不爲也？以後問官，凡遇人命毆死者，抵威逼者，罪。但係圖賴打搶者，依律從重究治，不許追給埋葬，庶圖賴不行，而刁風可息矣。

一尚儉約。"儉，德之共；侈，惡之大。"此古今名言。濱海之區商賈貿易者絕少，雖有魚鹽，亦無厚利。惟憑力穡食生，須加意節嗇，方可度日。甚有豪侈之家，男子鮮衣怒馬，女人艷妝袨服，里閭欣羨，轉相慕倣，飲食宴會，彼此相告。甚至一年之積不足以供一衣，數月之糧不足以辦一席。婚喪大事，輒揭取錢債，典賣田產，只圖一時華美，不顧將來難過，一遇凶荒便受凍餒。若平日簡省，兩日之用勻爲三日，則一年有半年之積，兩年有一年之積，雖遇灾荒不至窘乏矣。近日兩院有宴會條約，極爲簡便，雖官府鄉紳尚皆遵守。至於民間更宜省便，即一事推之，凡衣服、器用、交際等，一一節省，遵行日久，自可富足矣。

一禁邪術。凡僧、道、尼姑、師婆、巫覡之類，假以誦經祈福，降神驅邪，最能煽惑人心，引誘婦女。若家長不嚴，縱容往來，必致哄取財物，招惹是非，此其小者也。又有白蓮、玄清、無爲等教，燒香喫齋，夜聚曉散，男女混雜，宣淫無忌，極爲可恨。本道前在汝南，訪有妖人張道存，自稱"玄元教主"，妻稱"九天玄女"，其法以手揉人眼目，即見空中紅光，諸神森列；又以盆水令人照面，即見男子冠冕介冑，女人鳳冠霞帔，以此鼓惑眾心。汝南及襄陽等處，從其教者不啻數萬家。每到一處，輒有數百人聽講，晝夜不絕，漸謀不軌。及自訪拿，本犯逃脫，主家縊死，餘眾解散。此中登州昔年亦曾拿獲一起，恐邪術倡行不止，登州爲然。以後鄉約人等，查有聚眾坐會，男女混雜者，即將爲首之人擒送官司究處。亦不許借此騙索良民，違者各從重懲治，勿得輕縱。

校勘記

〔一〕"貼"，當作"貽"。

〔二〕"桶"，當作"楠"。

墓　表

孝廉王性宇墓表

孝廉王公，恂恂雅士也，皎皎介士也。閭黨交知，無不愛且敬者。比其歿也，又無不悼且惜者。宜表其墓，以示來茲。

按狀，公姓王氏，諱希聖，字思睿，號性宇。先世河北覃懷人，國初徙居沁水之郭壁鎮。高祖雄，曾祖世祺，祖進科。父梅，藩司橡〔一〕；母張氏。生四男，公其長也。

公生而丰神秀爽，肌膚凝玉，有潘安、衛玠之姿。自曾祖操賈業，僑寓河南之儀封，父祖因之，未嘗徙業。然皆嗜義樂施，不屑屑纖嗇也。公少敏惠，甫就學，即解書義，人以爲王氏世有令德，其將昌矣。總角還里就試，補邑庠弟子員，下帷攻苦，寒燠不輟。凡七應鄉闈，至丙午始得雋焉。丁未下第歸，益閉户發憤，遂感疾嘔血。荏苒至庚戌春，猶欲北上爲焚舟計，治裝將就道。而前恙復大作，遂不起。方公之來自俊儀也，惟祖母郝氏與之偕，既受室有家矣，乃迎其父若母歸而奉養。父歸而輒病，奉醫藥不懈，及卒，殮葬以禮。當是時也，祖母垂白，母氏嫠居，諸弟嫈嫈待哺，仰事俯育。數年間，喪葬婚娶，殆無虛歲。公日夕拮据，不遺餘力，函丈談經，資其修脯，而卒不廢舉子業，以臻厥成，其堅忍定志有若此者。事母孝謹，撫諸弟友愛縈篤。弟崇聖、翼聖，皆稱貸爲治生計。淑聖有聲藝林，爲青衿高等，則督誨之力也。

初，父與叔楩未析爨。父歸，遺貲皆爲楩有，絕口不問。後楩子貧，而耕於儀，猶請縣官蠲其賦。族中竄人逃散者數家，所遺徭役，歲代輸以爲常。與人交，謙恭退讓，曾無失禮。利不苟取，語不妄發。至於揚人之善，懷人之德，急人之難，不報人之橫逆，娥行種種，可稱醇懿無纇矣。而偉抱未酬，中道殞絕，綆斷簪折，殆不能無慨於孝廉也。

嗟夫！余於孝廉不能無疑於天道焉。篤志勤學，娭修敦行，士之所以植德也；爵位祿養，壽考胤嗣，天之所以眷德也。公之所植者至完且備，而天之予公者，蓋不獲一有焉。胡報應之理，刺謬若此耶！雖然天壤有敝，令名無窮，生寄死歸，獨此爲不朽耳。公之懿行在當年，聲稱在後世，孰謂得於天者不厚耶？彼以窮通壽夭，論者非知天，亦非知公矣。

校勘記

〔一〕"橡"，當作"掾"。

大司馬張海虹先生文集卷十三

墓誌銘

光禄寺署丞原左溪墓誌銘

昔人有言："善樂生者不窶，善逸生者不殖。"夫財利者，人之所以生也，造物者制之。然智者能聚，達者能散。聚而散，散而聚，若水之流行，物之循環。無空匱朽蠹之患，而身用以厚，家用以温，聞譽彰而福澤遠者若原公，其可志焉。

周文王第十三子[一]，封於原，爲原伯，此原得姓之始。公其裔也，諱橋，字克濟，號左溪，世居瀣澤之四義里。父某，生二子，公其次也。公生而體貌敦厚，性資警穎。髫年入里塾讀書，知大義，即棄去。曰："丈夫生而桑弧蓬矢，以志四方，何事區區佔畢爲帙中蠹哉？"從父兄賈於唐鄧間，握算精密，計利析秋毫，巨商猾駔相顧錯愕，未敢以角齜易也。已而又棄去，曰："管子以煮海富甲諸侯，今之射利多獲者無如鹽策。擇利取其大，屑屑刀錐計哉？"乃盡携橐中裝，抵歷下，用陶朱、計然之術，經營二十餘年，居積累鉅萬金。已而又棄去，曰："卜式、黄霸皆以入貲補官，致位公卿，彼何人斯？有財者亦若是耳。"乃援例爲光禄寺署丞，冠進賢，服綵衣，名列薦紳，稱榮寵矣。已而又棄去，曰："吾故賈人子，偃蹇縱逸其常態也。一旦傴僂磬折於貴人前，踧踖汗背，支體束縛，若桎梏然，吾何樂此爲哉？"於是歸田里，以賈事付其子。與綱紀之僕日惟督童輩耕耨，課諸孫誦讀。暇則與鄉之耆碩，結社觴詠。時出其所餘，賙族黨，賑饑荒，修祠宇，建橋梁，所費無慮數千金，不怯也。

公性孝友勤儉，周慎謙抑，終其身無姬妾之奉，無華靡之飾，無睚眦之讐，而智計精密，識度弘遠。利所欲取，取必獲若探囊；勢所欲去，去必決若脱屣。殆樂其生而不困者耶？逸其生而不苦者耶？智士耶？達人耶？能用造物而不爲造物用者耶？

公生於嘉靖癸卯八月十六日，卒於萬曆己未四月二十二日，壽七十有七。配李氏，其子女婚配不具載。銘曰：

易重貿遷，史稱貨殖。義以利和，君子是識。持我量衡，豈云纖嗇。亶惟多藏，其麗不億。慕義輸將，用膺華職。厭彼紛囂，冥鴻遠弋。林壑歸休，棲遲燕息。有美於斯，實維我特。内助多方，允矣合德。福必有因，昊天不忒。宜爾子孫，繩繩翼翼。翼然新阡，松楸生色。銘此泉臺，永世無泐。

張沁溪墓誌銘

蓋孔子罕言利，而太史公作《貨殖傳》，則津津乎以利言矣。高賢如端木子，且與陶猗輩同類而共稱之。說者謂爲司馬公憤激之言，而衛子荆之居室，孔子亦嘗善之，何必不言利也？如以利，則吾族人沁溪公者可傳已。

公與余同宗，姓張氏，諱鴻基，號沁溪，世爲沁水西曲里之寶莊人。曾祖某，祖仲道，父永寬，母某氏，以嘉靖戊申三月二十七日生公。公生而癯健，貌若樸願而內饒心計。數歲時，父之楚遊十餘年不返。家窘甚，母紡績，身力作，爲口食計，里人易之。迨父歸，出橐中百金授公。公携之，賈於汴宋間。五、六年間，有五百金矣。里人駭且忌之，困以徭役。乃入資補椽[二]史，參役長治。然吏事非所習，且非所好也，居歲餘棄去。復賈於太康之秋崗集，遴選紀綱之侶，趫健之幹僕，各授以方略，俾之東走齊魯，西走秦晋，南走吳楚粵，以販鬻鹽、鐵、綿布、絲枲之

類。所至必獲，獲必倍，蓋二十餘年，而貲累鉅萬矣。向所爲易
公者、困公者，率多稱貸於公，公不計也。年近七旬，即謝賈
事，以其貲分授於子若孫，營搜丘，歸老焉。居數年，疾卒，時
天啓四年十一月初七日也，享年七十有七。

嗚呼！公可稱良賈矣。賈即騖利哉？而有道焉。勤以生之，
儉以守之，直以取之則人不怨，謙以居之則於物無忤而不悖出。
兼此四者，寧獨稱良賈？且稱善士矣。銘曰：

志士砥行，誠不以富。達人因時，亦乘乎數。貿遷化居，慕
義若赴。爰有多藏，亦孔之固。貽爾子孫，以永厥祚。何以識
之，我銘其墓。

張母郭氏墓誌銘

自古承家亢宗之子，雖得其嚴父之訓，而貞柔慈惠之母所爲
貽慶鍾祥者，固自不可泯也。余族中壽官公爽，以貲産雄於閭
閈，赫然盛矣。冢嗣監生安貞有子二人，卒以淪落。其席休保
業，振家聲於不墜者，則仲子諸生安賓也。安賓之母爲郭孺人，
端氏郭綽之女。及笄，歸壽官公，治家嚴。而安貞授室生子矣，
子婦實有傲德，孺人覯閔受侮，靡所不至，處之裕如也。春汲、
浣渝、中饋之事，靡所不任，勞勤倍常，而處之裕如也。已而，
生子安賓、安贊，與子婦之子登庸、奮庸，年相頡頏也。子婦之
子華溫，而己子敝縕；子婦之子常肆凌侮，而己子不免向隅，處
之裕如也。迨其析産，冢嗣擇取美好，而己子僅得中下，處之又
裕如也。已而，安貞夫婦卒，壽官公相繼捐館，孺人始得自適，
安享子孫之奉矣。而勤儉操作猶若少年時，衣粗疏，飯脫粟，終
身如一日也。居恒以惰佚誡子，以侈靡誡諸婦，以故率其教者更
相訓飭，而衣冠濟美，資産豐盈，敬守壽官公之業，而益光大
之，則孺人之教居多也。晚年，雖失明，亦無所苦，至是以疾

卒。生於嘉靖十九年三月二十日，卒於天啟元年三月初四日，享年八十有二。

　　嗚呼！孺人四十年以前，逆境也；四十年以後，順境也。處逆境而□懟〔三〕，處順境而汰侈，即丈夫知道者且猶難之，而況可求之婦人、女子乎？乃孺人柔順儉勤，終始如一，用能毓順貽休，享壽祺而弘胤祚，詎非天道耶？銘曰：

　　柔順而貞，以象坤也。終温且惠，以承尊也。怨而不誹，量斯深也。安而忘勞，慮斯殷也。貽厥孫子，裕後昆也。生兮無忝，没斯寧也。志此幽宮，永作徵也。

校勘記

　　〔一〕“十三子”，據《書·君奭》孔穎達疏當作“十六子”。

　　〔二〕“椽”，當作“掾”。

　　〔三〕“□懟”，據後文“處順境而汰侈”之對句，“懟”前疑脱一字，疑當作“不懟”。

行 狀

先考封戶部郎中行狀

先公諱官，字懋德，別號華峰。先世陽城匠里人，勝國時，遠祖慶徙沁水之寶莊，遂家焉。代隱田間，未有顯者。至六世祖聰，舉永樂丁酉孝廉。五世祖鸞，高王父騰，廩於邑。曾大父倫，起明經，任山海、盧氏博士，所至以作人有聲，皆祠名宦。大父謙光，亦廩于邑。大母寶氏，生先公。

先公生甫逾齡，大父早世，大母矢死靡忒，守節育之。比七歲，從先博士公宦所。博士公常置之膝，口授經傳，輒朗朗成誦。博士公掀髯喜曰：“吾子不亡矣。”無何，博士公卒于官。先公擗踴號痛，若成人然，扶櫬歸里，間關道路。一孺子護數家口，行道者見之，無不嗟異。營葬畢，即與諸叔析爨，僅瘠田數畝，室一區，蕭然四壁立耳。大母績紙，先公力作，以供朝夕。夜則燃薪呫嗶，無間寒暑，茹荼蓼備至矣。

時里中豪目先公弱，數以事相凌。先公憤欲較，大母泣挽之，曰：“而孤也，奈何與有力者爭？”先公跪請曰：“彼凌者，正以我孤也。復以孤自居，凌且無已，將坐爲若魚肉。且以直當曲，何憚爲？”卒與較，豪卒無加于先公。

弱冠入邑庠，益自砥礪。而事育爲累，不得已，伴什一爲生計。嘗嚴冬積雪貿易數百里外，足爲重繭，坐此不能精崇舉子業矣。今上改元，詔生員年四十以上德行著聞者給冠帶，遂膺是

典。比不孝通籍，一任行人，再任户部主事，皆封先公如不孝
官。會恩加封户部署郎中事主事，同四品服色。

先公起縫掖，三被綸命，稱寵貴矣。顧益退悔，不異寒素。
每出不乘輿不張蓋，數十里内嘗徒步，田間耕斂，常親餂之。不
孝治粟天津，戒僕迎養，不就也。後跨一騎，遠涉千里，及門方
知之。嘗會葬鄰邑，主人戒典客者，盛具以俟。比至，乘一款
段，老蒼頭控勒，典客者不内，曰：“吾以待太公也。”足迹絕
不及公府，邑長吏造盧而請，亦謝不見。《傳》曰：“一命而傴，
再命而僂，三命循墻而走。”先公近之。

先公淡泊儉約，食無重味，衣必浣濯。至振人之急，則不以
有無爲慳。歲戊子、己丑間，荒疫交作，道饉相望，煮糜施藥餌
救之，全活頗衆。有僦室者，居三年不售值，一夕逸去。追及于
郊，其人伏地請罪。先公曰：“吾非以直追若，若出無資，值此
凶歲，將不免填溝壑。”給道里費而遣之。先是，嘗出粟貸鄉人，
至是盡火其券。有貸金者死，往吊，出券袖中，即其柩前焚之，
曰：“不貽若孤憂也。”比閭而居，凡貧不能舉火、顛連不能自
存者，皆仰給先公。先公亦時時給之不少倦，蓋樂義好施，其天
性也。

尤篤于人倫，叔三人，先後即世，皆經紀其喪。一姑患嬖
妾，不得於夫，千里迎歸，奉之終身。諸宗人困於徭賦，每代爲
輸，歲以爲當。故里中稱敦睦者，必舉先公爲法云。

處鄉黨，和易謙厚，即田父市氓，亦接之以禮。口不言人短
長至以不平，質之曲直，片言立剖，無不斂服。環里而處者數百
家，不復有訟矣。

每市物不爭市價，曰：“貧民賴此爲生，刀錐之末，吾何計
焉？”一騶人抑衡而紿取人物，所獲幾倍，面讓騶人，立還之。

舊居隘趾，或請併鄰以自益。先公曰：“吾欲有餘，彼必苦

不足。且世與爲鄰，不忍相遠也。"後鄰人感先公義，皆割以相畀，先公悉倍償其值。

鄉時凌先公豪死，子不振，惴惴以前隙爲慮，顧厚待之。居家夙興晏息，事無巨細，皆手自綜理，井井有條。課諸子姓誦讀，日無暇晷。尤以浮靡爲戒，常曰："吾閱世多矣，每見宦門之後，敗不旋踵，無他，逸而不思，侈而無節，驕奢淫佚，階之禍耳。而輩不可不鑒。"子姓輩競競，奉庭訓唯謹，無敢犯者。

先公雖未登仕籍，而明習當官之務。不孝爲行人時，感觸時事，欲有所條上。先公遺書曰："行人以奔走爲職，言非其責也。"比司津餉，則曰："出納慎之哉！"後抵天津，喜曰："吾入境，道無怨言。入室無厚藏，無濫費，而能官矣。"比不孝參藩別省，便道歸。先公戒曰："旬宣之任，非郎署比。當持大體，勿以毛舉鷙擊博能名。"不孝跪受戒。時值先公七帙，膝下百歲之觴，熙然樂也。因遲回不忍去，先公促治裝，曰："王事也，毋以二人爲憂。我尚健匕箸，精力不減壯時。將以來歲春，東行觀爾政。"因遊泰山，謁闕里。還過上谷，察長孫平反幾何狀。歸臥林皋，不復出矣。乃是冬，先公遂搆病，病數日而卒。卒之日，遠近識不識，無不流涕者。

先公生于嘉靖丙申十二月初六日，卒于萬曆丙午十二月初九日，享年七十有一。配霍氏，封安人。

男四：長即不孝，壬辰進士。山東布政司參議。娶李氏，繼竇氏，皆贈安人；繼李氏，封安人。次五美，儒士，娶竇氏，繼王氏。五常，娶霍氏，夫婦皆早卒。五服，邑廩生，娶霍氏。女二：長適儒士楊有慶，次適生員韓蒲。

孫男十人：銓，甲辰進士，保定府推官，娶霍氏。鉿，癸□[一]科舉人，娶劉氏。鈴，娶劉氏。鈴，娶柳氏。鉁，聘孫氏。鑠，聘楊氏。鉁，聘何氏；鑼，聘孫氏，俱業儒。鏛、鋡，俱

幼。孫女九人：一適生員常正家，一適生員王蒲徵，一適生員劉
韓，一字郭壓，余幼。

　　曾孫四人：道潘，聘何氏。道濟。道澤。俱銓出。道溥，鉿
出。曾孫女二。

　　將以是年二月初九日葬于牛山之麓，祖塋之前。願徽大君子
一言，以光泉壤，謹次先公生平行實如此。

校勘記

　　〔一〕“癸□”，脱一字，據相關記載當作“癸卯”。

大司馬張海虹先生文集卷十五

祭　文

祭唐太妃文

赫赫懿宗，世守南藩。皇皇顯胤，有開必先。自彼先王，天立厥配。在宛之陽，在淯之涘。宛淯鍾靈，實生太妃。柔嘉貞靜，令德令儀。嘉止有期，鳳占叶吉。百兩于歸，秉德離肅。恪修閫範，敬共無違。明章婦順，家邦是宜。關雎和鳴，樛木逮下。克配莘姜，允追鄧馬。莞簟斯安，熊夢徵祥。休禎茂衍，篤生賢王。賢王之生，甫就口實。順廟上賓，國系孔岌。內難方集，外侮頻興。負扆鎮定，載戢載寧。思疏剪桐，祥膺當璧。克長克君，初心乃適。慎簡儒碩，師保凝丞。左圖右史，以沃王心。王心載啟，聰睿浚發。乃紹丕基，乃光休烈。崇善好禮，敬士下賢。宣慈和惠，義問昭宣。綿綿瓜瓞，振振麟趾。以莫不興，既多受祉。昔也和膽，今也含飴。誨子煦孫，甘苦異宜。一本承祧，四支剖錫。圭瓚盈階，冕旒繞膝。純嘏茂膺，壽躋八旬。德厚養隆，宜享千齡。胡不慭遺，倏爾仙逝。賀者未幾，吊者隨至。吁嗟太妃，得全全昌。于萬斯年，德音不忘。某祇役封部，欽仰令淑。何以奠之？生芻一束。眷茲微悃，敢曰馨聞。庶幾昭格，有赫厥靈。

祭檜亭宗室文

惟靈天潢懿派，聖世儒宗。才分八斗，學富九丘。文擬韓

柳，書垾王鍾。高談揮塵，江左風流。藩符攸攝，輿論僉同。禮
賢敬士，抑暴振瑩。東平退軌，河間遺踪。卓爾大雅，累膺褒
崇。物盛生忌，衆妒攸叢。蜮沙影射，蚊陣雷轟。公孫碩膚，辭
富遺榮。忘機歿晦，侶彼海鷗。嗟乎！漢有劉向，矢謨抒忠。宋
有汝愚，匡輔著功。公胡不偶，偉抱徒空。溘焉長逝，齎志而
終。某情關瓜葛，誼重交遊。思公不見，憂心忡忡。薄陳絮酒，
用表微悰，願言顧我，神罔時恫。

祭楊冲所房師文

壬辰之歲，先生以司馬郎分較禮闈。不肖某叨在門墻之末，
與諸生朝夕樞[一]進。覯光睿聆，提訓三月餘。時西夏用兵，先
生運籌制勝，劉哱且授首矣。而妒才忌成者，中先生以萋菲，先
生于是拂衣長往。某偕同門諸生，拜送於潞河之濱，自是冥鴻遠
舉，先生之懿範不得復親矣。每翔泳之便，輒上起居狀。初聞先
生陶情山水，悠然物外矣。嗣聞先生研究釋典，窅然習静矣。静
則必壽，竊意先生壽考無疆，夙昔未竟之施，必且大展於方來
也。乃未幾聞先生病矣，又未幾而聞先生捐館舍矣。嗚呼！先生
才雄一代，文高千古，而位不過中郎，壽不滿六旬，彼造物者胡
縱之而又胡嗇之也？

先生與某，同以甲寅生，而又同以己卯舉于鄉。先生登第十
二年，而某乃出于先生之門。某甫通籍，而先生遂已歸休矣。向
使先生不歸，則三十年之勛伐不知何如烜赫。又使先生今日尚
存，則年纔七十有一，當此逸賢彙茹之時，又必有安車蒲輪之
召。惜乎！先生之不少待也。雖然，先生之著述，宇內珍重，不
啻連城之璧，則不朽之業，固已垂之千秋，何必百年壽，三公秩
也？某客歲抵金陵，方知主上念先生前勞，詔贈符卿。又以月旦
之評，祀先公生於瞽宗，則先生亦可少慰於九泉矣。某竊禄三十

載，叨冒留棘，皆先生之賜，而庸庸碌碌，靡所建竪，有負於先生之教亦多矣。時以侍養歸里，過滁，去先生之壟僅一舍。爰備絮酒，拜先生於墓道而瞰其辭。先生其鑒之否？嗚呼！哲人既遠，我心悲傷。丘木已拱，見之傍徨。

祭銀臺曲先生文

猗惟老師，岱宗孕秀，溟渤鍾靈。醇懿博大，慈惠真誠。沉酣丘索，淹貫典墳。遠紹洙泗，近述伊閩。掞藻爾雅，樹幟藝林。明經偕計，聲震成均。京闈籲俊，南省成名。大庭奏對，宮錦沾恩。帝曰咨汝，往牧沁濱。武城弦誦，單父鳴琴。戴星問俗，暮夜還金。徑〔二〕輕賦薄，訟簡刑清。芹宮視講，問難盈庭。載色載笑，豈第作人。某也不淑，首被陶甄。爰及多士，郁郁彬彬。政成化溥，卓異蜚聲。帝心簡在，擢拜黃門。赤心頻頻，白簡稜稜。于以獻替，于以糾繩。以補袞闕，以肅臣鄰。屈軼指佞，梧鳳矢音。玉珂風動，金鑰時聽。封章頻奏，焚草避人。倭氛告警，淮海震驚。帝咨岳牧，疇寄干城。僉曰我公，宜秉旄旌。金符玉節，出鎮廣陵。揆文建武，畜眾簡兵。國有金湯，海無鯢鯨。保釐西粵，益沛甘霖。于旬于宣，之翰之屏。峒夷馴服，嶺表歡騰。入尹京兆，畿輔歲星。法行貴近，輦轂澄清。晉陟銀臺，出納絲綸。喉舌是司，敷奏詳明。方擬大拜，拭目樞衡。薏苡謗起，嗟彼讒人。公曰歸哉，軒冕塵輕。漱流枕石，頤養天真。杜門却軌，絕迹公庭。東山遠志，望係蒼生。宜享壽考，以膺蒲輪。天不憖遺，梁木遽傾。士失儀範，國棄典型。孰不有死，惜此芳芬。朝有彝章，褒贈繁駢。光生泉壤，塚卧麒麟。矧有吉嗣，允武允文。箕裘濟美，奕葉克承。公其已矣，雖沒猶生。某眷言高厚，圖報未能。訃聞悲痛，涕泗沾襟。臨風致奠，炙絮是陳。公其不昧，鑒此微忱。

祭給諫張明寰年丈文

嗚呼！顯晦升沉，生死聚散。造物者視爲固然，而人生處此則感慨悲傷，有不能爲情之甚者。蓋余與公同舉壬辰籍，且同出一門也。方其看花長安，入則連袂，出則連鑣，促膝談心，未嘗不喜其遇合之奇也。乃公與豫章陳宇偕俱以才雋讀中秘書，而諸兄弟或守郎署，或司郡縣，蓋漸次分散矣。余獨以使局同在京邸，稍稍相親近，而皇華之役什九在外，亦不能時時聚首也。已而，公與宇偕又同給事黃門，烜赫顯耀，震于一時，則又同門兄弟分彩割艷，所借爲寵光者也。未幾，而公與宇偕又皆以言事去矣。丘園養重，音問邈絕，與公相睽者十五六年。壬子，以宛陽之役會公于大梁里第，歡然道故，不異長安相與時。而察公之顏貌，不無幾微抑鬱之情，蓋用世之心猶勃勃也。乙卯，與公相別，猶然康強無恙。己未，以河北之役復謁公于梁園，而閽人致辭，謂久病不能離床簀矣。迨是歲之春，果爾不起，又與陳宇偕之訃相繼聞矣。嗟夫！同門廿有一人，倏而萍聚，倏而星散。二十九年間，歸泉壤者十三人矣。駒隙難留，百年易盡，豈不知造物者自有定數？而獨于顯晦升沉生死聚散之故，不能不感慨而流涕也。若公之文章事業，議論風裁，蒼生所仰望，而不得被其澤；銓曹所推擢，而不得展其猷。寓內共知而共惜之，無俟某之喋喋也。

祭宮坊劉性宇年丈文

嗚呼！公之生也，其遽然而覺耶？公之死也，其成然而寐耶？未始有始，孰爲之生？倏焉而生，若或始之。未始有終，孰爲之死？忽焉而死，若或終之。有始而必有終者數也，有生而必有死者亦數也。乃終而未嘗不始，何死而不復有生耶？既且有生矣，胡爲而死？既且必死矣，胡爲而生？然有生者有所以生者，完其所以生而後不愧于死；有死者有所以不死者，全其所以不死而後無忝于生。公之生也，孝于親矣，友于弟矣，發迹制科而窺中秘之藏矣。歷金馬玉堂之清華，而擅名著作之林矣。代天子之絲綸而有典有則，垂之千萬祀而不朽矣。如是而生，斯無忝于生；無忝于生，而後可以死。如是而死，斯不愧于死；不愧于死，而又何必于生？故有羨于公之生者，非達生者也；有憾于公之死者，非知死者也。雖然生而有知，斯之謂覺，安知死之獨無知耶？死而無知，斯之謂寐，安知生之獨有知耶？又安知寐之非覺，而覺之非寐耶？生耶？死耶？始耶？終耶？寐耶？覺耶？公當有以自知者，而世之羨公者、憾公者，公且迫然笑之矣。某于公叨附同籍，而又素辱知雅，其愛公豈不深？惜公豈不至？而特恐以未徹生死之故見嗤于公，故不敢爲刺刺慟酸語，而特以造化自然之數爲公告。公以爲然耶，否耶？

祭廷評楊會吾親家文

嗟乎！惟公兩間浩氣，三晉人豪。宏才邃抱，偉概英標。黌宮蚤譽，輒冠時髦。鵬搏九萬，庋彼雲霄。公車屢踣[三]，謁選天曹。筮仕邊邑，威讋天驕。懷綏藩漢，聲震河洮。再令畿輔，任怨任勞。一塵不滓，三尺無撓。戚閫斂迹，春藹帝郊。循良績茂，卓異名高。迨陟廷評，平反尤多。棘林雨止，肺石冤消。南箕貝錦，忽爾相遭。急流勇退，永矢軸簥。于沁之湄，于山之阿。盤桓松菊，詩酒浩歌。優哉悠哉，其樂陶陶。仁洽姻族，誼重知交。教誨爾子，藝苑楚翹。公年未艾，公德已邵。雅孚月旦，德音孔昭。宜享上壽，以鎮浮澆。倏爾仙逝，鶴馭逍遙。思公不見，惟以永號。獻以澗沚，酹以村醪。神其右止，鑒此大招。

祭學博賈太行親家文

　　蓋聞朝有直臣，而宮寢享清寧之慶；家有嚴父，而人子著謇諤之風。蓋不知其父觀其子，不知其慈觀其忠，余于公有可想見焉。公起家明經，振鐸黌序。其春風化雨之所施，械樸菁莪之所造，固自有大過人者。然向者余分藩河北，屢式公之閭而不得一見。則公之徽懿令哲，固難强爲摹擬而稱述也。而嗣君侍御公，則嘗接其風采而欽其聞望者。方其□〔四〕命柏府，正主上踐祚之初。移宮一舉，訛言煩興，中外震悚，而莫敢發言。侍御君述其所聞以入告，蓋欲主上愛其所親，以鎮危疑安人心而成大孝也。乃主上陰用其言而顯絀其身，則直聲震于寓内矣。此侍御君愛國之忠謨，孰非公義方之庭訓也？侍御君行且賜環顯擢，柄樞衡而樹掀揭之猷，宇内之仰令子而追本原，又將頌公之善教于不衰矣。公固晉人，其親戚、墳墓俱在析城。而賈鳴寰憲長于公，稱叔侄焉。鳴寰，余姻家，則于公有葭蘆之誼也。宦迹飄蓬，不能躬吊。謹崇一介，賫炙絮而往奠，因係之以言云。

祭郭孺人文

　　吁嗟孺人，令聞孔碩。毓自德門，爰歸望閥。柔嘉正静，以肅以雝。左珩右琚，淑慎爾躬。敬奉姑嫜，承顔順志。内政拮据，以先姊姒。樂機鴻案，丙夜籌燈。雞鳴儆戒，静好瑟琴。相彼哲人，詞壇擅譽。萬里雲霄，冲風奮翼。兩縮邑綬，節著羔羊。誰其佐之？閫德允良。奏最伊邇，褒封可俟。胡不少留？溘焉長逝。夫君萬里，遠在隴西。死生契闊。方何爲期？已矣孺人，蘭摧簪折。暮雲慘黯，肝腸碎裂。有夫筮仕，事業方張。有子玉立，足繼書香。九泉雖杳，恩光行賫。服此寵榮，生死何異？某忝附姻戚，慟悼惟深。何以奠之？絮酒是陳。孺人有知，鑒此明信。恍若來思，肸蠁可聽。

祭兒銓文

嗚呼！慟哉！兒死矣！兒體貌瑰偉，類有福相，一不宜死。兒才優經濟，堪爲國楨，二不宜死。兒職在巡方，非有封疆之責，三不宜死。而今已矣，豈天道耶？國運耶？爾父之積愆耶？嗚呼！有生必有死，死亦人之常耳。況慷慨徇國，烈烈轟轟，義膽忠肝，照耀千古。吾當爲兒幸，又何慟之深也？惟是身衰異域，血染黃沙。高堂倚閭之望，托之夢魂；兒孫終天之恨，寄之風木。興言及此，寧不慟哭流涕也？嗚呼！古今烈丈夫死難者多矣，而惟張巡爲最著。蓋巡與許遠，雖共死睢陽，而許遠有地方之責，巡無地方之責也。今爾雖與兩道共死于遼陽，而兩道有地方之責，爾無地方之責也。爾得與張巡同遊于地下，即九泉且含笑矣。死于道路，甚非人情所欲，而烏鳶螻蟻亦復何異？況奴賊凶殘已甚，殄滅未久，歸葬有期，亦未可知。嗟夫！人之死也，魄歸于地，神氣無所不之也。況爾英烈之氣，當耿耿常存，豈將爲屬鬼以褫奴賊之魄耶？抑化鶴遼陽耶？豈念故鄉而返歸耶？抑思爾父、爾弟、爾子，而一來此地耶？窈兮冥兮，不可得而即兮；恍兮惚兮，彷彿見爾之音容兮。嗚呼！慟哉！

再祭兒銓文

慟哉吾兒！生爾育爾，恩斯勤斯。教爾誨爾，無厭無數。爾質敦厚，爾貌瑰奇。爾才藻贍，爾志徇齊。蘊藉宏博，詞采陸離。青雲唾手，矯翼天衢。司李上谷，畿甸羽儀。柏臺秉憲，法紀攸持。糺邪扶正，公論是維。明廷獬豸，法署騶虞。兩持繡斧，周爰度諏。貪夫解綬，循吏皈依。逆酋發難，慷慨陳詞。指陳利鈍，如蔡如蓍。皇祖東顧，穆然興咨。廷臣僉議，俾爾視師。來自豫章，省視庭幃。稱觴太母，怡舞怡怡。樂爾妻孥，兄弟既翕。豈不懷戀，畏此簡書。星言夙駕，載驅載馳。榆關既度，飭武宣威。東人咸喜，滅賊有期。遘彼庸臣，誨盜招夷。延彼虎狼，置我堂幃。藥言石計，則具是違。庖不可待，時不及爲。夷虜猝至，遼城被圍。爾守西門，應變出奇。火焚攻具，虜勢靡披。轉至東北，亦復如之。心腹內潰，城壘分劃。開門迎寇，閭巷橫尸。不驚不怛，冠裳自如。逆賊稽首，奴酋恫疑。既至虜庭，山立不移。矢口詈罵，虜魄若褫。和顏誘降，巽語送歸。爾終不可，視死如飴。西望君親，虎拜于于。成仁取義，于今見之。顯親揚名，孰大于茲？帝眷優渥，千古聲施。爾既無憾，我亦何悲？所可慟者，身殞荒裔。經綸未展，事業未舒。家無楨幹，國失憑依。正人弗永，天道何知？嗚呼！世運否泰，神啟其幾。爾死于忠，靈性不迷。懷鄉戀親，生死同之。爾魂必返，爾識不迷。奴酋慘暴，殲滅何時？生民重困，孰拯其危？爾父爾子，欲舉義旗。爲爾復讐，飲血寢皮。爾其默祐，開示幾微。式假夢寐，或附神箕。明以告我，庶悉機宜。于以奠爾，涕泗零洏。

校勘記

〔一〕"樞"，當作"摳"。

〔二〕"徑"，疑當作"徭"。

〔三〕"踽"，當作"躓"。

〔四〕囗，漫漶不清，疑當作"拜"。

大司馬張海虹先生文集卷十六

年 譜

夫人生宇宙間，寧惟具有官骸而抱空質以遊也？蓋有所與立者焉。太上者，參三才；次者，備百行；又其次者，亦持一得以成名。故没世不稱，孔子所疾；而隱怪有述，又非其所屑爲。交修于庸德庸言，而快心于無愧無怍，則聖賢之所以播芳懿而垂不朽者，所重固有在己。

余生也，資性庸鈍，命運蹇薄，自舞象以後，從事于佔畢鉛槧之業，日夜孜孜，未嘗間輟。而家值貧寠，身嬰病疾，所謂人不堪其憂者，未嘗有怨憫也。三十九歲，始登一第。歷官三十餘年，仕路邅迍，靡有炎炎之勢；才能暗拙，更無赫赫之名。至于今，而七十有一矣。追思往日，愆罪既多，亦何補于伯玉之知非？遙憶將來，精力雖衰，猶勉遵乎武公之抑戒。謹將生平履歷，聊筆于簡，以示不忘。天或假我以年，稍有建竪，尚當俟于後日也。

時天啓四年四月念日。

年 譜

甲寅，一歲。

嘉靖三十三年，正月十七日午時生。

庚申，七歲。

入里塾，師族人庠生張昂夫。

辛酉，八歲。

在外祖家，師閻先生讀《孝經》、《大學》。

壬戌，九歲。

從從祖庠生諱謙牧，在陽城孔寨雲峰寺讀書。時陽城衛鄉宦析麓公延從祖至寺，將使子弟受業。既而不果，居數月還。

癸亥，十歲。

從先君在樢山寺讀書。主僧紹統厭之，乃遷於紹宗之室。

甲子，十一歲。

時屯城張大參田南公，延從祖訓其子侄，余亦往從之。有日者精于術，張公令爲余卜，大奇之。因試余，問以書義，余隨口應答，公亦異焉。居數月，歸。是歲，始作文。

乙丑，十二歲。

自高祖以來，有書房一區，堂房三楹，東房四楹，皆僅能容膝。高、曾、祖三世教授生徒之所也。年久頹敝，垣墻坍蹋，不避風雨。余從屯城歸，即居東房之南一間，晝夜坐卧，十年不徙。里人過其居者皆鄙笑之，而余亦不知其陋也。今祠堂，即東房舊基，而西小書房，即堂房舊基。

丁卯，隆慶元年，十四歲。

是歲，始赴童子試。

戊辰，十五岁。

是歲，始從寶先生受《毛詩》。先世自高祖以來俱業《易》，先君以累世未達，乃命余改治《詩》。

己巳，十六歲。

是歲，入邑庠，爲附學生。時文宗袁隨縣令周詩也。

癸酉，萬歷元年，二十歲。

是歲，赴秋試，未中。三場落卷，省城士子傳視之，皆驚服。

甲戌，二十一歲。

是時，賈寨陳憲副公子皆有文譽。先君令余往，從之遊。居數月而還，以公子自視高而怠于學，不相入也。

乙亥，二十二歲。

三月，娶李氏，李莊庠生新香之女。先是，十五歲已納聘，累年以貧，故不能備禮。至是假貸，得五金、紕綿二十件，始成婚焉。

丙子，二十三歲。

是歲，入秋闈，未中。

丁丑，二十四歲。

正月二十八日，長男銓生。

十一月二十九日，李氏卒。氏早喪父，母孀弟幼，而氏性明達，有丈夫才。未出閨，即與母分理家政，井井有條。既適余，而猶多在母家，代其綜理。夜抱兒卧于炕，火燎其衣，比覺，已及半身矣。乃入水甕，火毒内侵，卒不能救。數日而終，累贈夫人。

戊寅，二十五歲。

正月，讀書榼山寺。

己卯，二十六歲。

是歲，舉鄉試第五十四名。主司爲大同府丞蔡公璧，監臨則御史黄公應坤也。是時，未有京考，閲取皆由外簾。

十一月，繼取竇氏，庠生竇有容女，即祖母之侄孫女也。

十二月初二日，祖母竇氏卒。祖母少年守節，備嘗艱辛，撫育先君及余兄弟輩，慈愛懇篤。余從省城回，至平遥，病卧月許。祖母憂念成疾，竟不起，後累贈夫人。

庚辰，二十七歲。

是歲，會試，下第。

壬午，二十九歲。

十月初二日，次男鈴生。

癸未，三十歲。

是歲，會試，下第。

丁亥，三十四歲。

正月，長女采繁生。長適庠生王鴻編，三年卒。

己丑，三十六歲。

是歲，會試，下第。

七月，大病，至次年春方愈。先是，自二十歲以後，即有痞滿之病。自後漸增噯氣吞酸，纏綿不已。雖針灸服藥，終不能愈。雖時時患苦，不廢誦讀。至是，以屢科不第，爲鄉人、縣官所輕慢。遂抑鬱成疾，驚悸痰逆，幾至危殆。臥簀半載，始得少愈。然前吞酸之症，終未除也。每月許，或兩月，即吐痰涎一盂，腹中方快，以此爲常。久之，亦不以爲怪。至四十五六歲，此病方除，前後蓋二十六七年。服藥，諸方不效。以"十味温膽湯"治驚悸，以吳茱萸治吞酸而後愈，因附録于此。

庚寅，三十七歲。

正月二十八日，三男鈴生。

辛卯，三十八歲。

是歲，讀書李家坪别墅窰中。

壬辰，三十九歲。

是歲，中會試第一百八十六名。大座師陳玉壘諱于陛、盛鳳崗諱訥，本房座師楊道行諱于庭，職方郎中。廷試三甲第八名。六月，授行人司行人。

癸巳，四十歲。

正月十五日，三弟五常卒。

是歲，差往册封衡王。

甲午，四十一歲。

正月二十九日，繼妻竇氏卒。氏性淳實慈祥，後贈夫人。六月，繼娶李氏，壽官一鶚女，大司徒瀚之曾孫也。

十二月初四日，長孫道濬生。

乙未，四十二歲。

是歲，差往冊封肅府淳化王。

丙申，四十三歲。

是歲，差往韓府致祭通渭王。

丁酉，四十四歲。

是歲，男銓中本省鄉試。

北京鄉試分考，取十四人。解元徐光啓，本房所取士。一時號爲得人。時首輔張洪陽聞之，欲招致門下，使人道意。卒不往見。

戊戌，四十五歲。

是歲，差往荆府致祭樊山王。

余在使署，凡四差王府，各有金幣方物之饋。止受方物一二，餘俱却之。

行人秩卑禄薄，凡居此官者，皆稱貸爲資費，多者千金，少亦不下三五百金。余爲行人九年，未嘗一有借貸。每入都，携子弟授書蕭寺中。一切徵逐宴會俱謝絶，雖違衆不恤也。

己亥，四十六歲。

是歲，考選，擬授户部江西司主事。

時冢宰缺，左侍郎馮琦管考選事。琦從弟瑗，守澤州，墨甚。有同鄉候考選者，言其狀于考功趙邦清，以告琦。且云："候考選者所言也。"琦大怒，彼二人者皆恐，詣琦謝未嘗言。琦以爲余言也，憾之。適同鄉有望劣擬南部者，見隙可乘，從中賄購之。遂以余授户曹，而改彼爲御史。

時行人同考選者十三人。考之夕，余夢與十二人同考童生，有人來告云："公卷當第一，閱卷者竟置末卷。雖然，將來畢竟第一也。"及疏上，彼十二人者，或科，或道，或部屬而清要。余獨計曹，果末也。二十年以來，止黃士吉官至府丞，其餘者非汰黜即物故，而余猶有今日，所謂畢竟第一者耶？乃知造物有前定，不可妄求。

庚子，四十七歲。

考選，疏留中，候命。

辛丑，四十八歲。

四月，命下，到任。管本科，專管草本部奏疏及同僚升遷賀章。

九月，差天津管倉。十一月到任。管倉職司，收放軍儲關防糧斛，惟會計當出納平，則能事畢矣。前此管倉者多索羨餘，而運官每至掛欠。余收受三載，而運官俱有餘米。

癸卯，五十歲。

升本部陝西司員外郎。

是歲，男鈴中本省鄉試。

甲辰，五十一歲。

是歲，男銓中進士。

十一月，差滿回部。三年積羨米四千餘石，從舊例也。

是時，趙司徒刻核，凡管糧官以節省多寡為殿最。遼東管糧郎中王愛報節省二十餘萬，即題優敘，加升二級。余怪之，詢其所以節省者，則曰："三年內較之前任官，少支二十餘萬，即為節省也。"余笑曰："前三年，倭事未寧，故費多。後三年，倭事已寧，故費少。安得以此為節省？若天津，三年內較前任亦少支十五六萬，豈可以此為節省乎？"諸同僚咸曰："既有王涇谷之例，即可開報，亦當優擢。"余曰："堂翁可欺，而眾人不可欺；即眾人可欺，而此心不可欺。奈何獵取名位，而抱慚衾影乎?"同僚皆嘆服。

是月,升本部貴州司郎中,職掌五鎮邊餉及各鈔關。凡差滿回報者,稽核而殿最之。但日久相沿,俱有最而無殿也。臨清鈔關,舊額八萬兩,緣內監抽稅,商賈稀少,每歲俱不能及。時曾主政某差滿,止報五萬六千有奇。趙司徒大怒,呼余語之,曰:"曾主事虧額甚多,即具疏稿參處。"余回司檢前牘,三年以來,有報五萬八千者,有報五萬四千者,有報五萬三千者,皆趙司徒題准復職者,俱未參論也。曾主政聞堂翁言,恐甚,浼各司郎中,將見堂翁乞免。余次日入署,諸公已集司務廳,將入見矣。余曰:"無庸,我自言之,必不參也。"諸公猶豫,不以為然。余乃以前三年舊卷袖入,堂翁曰:"疏就否?"余曰:"未也。"堂翁復大怒,曰:"爾不作疏,想必通同作弊耳?"余曰:"止以失額參乎?將別有他事也?"堂翁復怒曰:"渠少二萬餘金,即係侵剋,便當追贓,何必他事?"余曰:"恐此不足以服曾主事之心。"又復大怒曰:"你就說何以不服?"余將前案出諸袖中,曰:"以上三年,皆老先生所題,亦皆不及額者。若以五萬八千較之,則曾主事當參;若以五萬三千、四千較之,則曾主事又過之矣。不參于前而參于今,何以服其心?"堂翁面頳不言者久之,乃曰:"既如此,不參罷。"時同僚皆在屏間竊聽之,及余出,諸公大笑曰:"張公論事有回天之力,豈不信哉?"自此大忤堂翁。而司廳王聘賢,小人也。復從中搆之,以此每加物色,將中以考功法,然卒亦無所得也。

乙巳,五十二歲。

是歲,京察,科道不肖者數人被黜,然皆首相沈一貫之私人也,乃假中旨留之。余與相公一書,極論其失,遂深銜之(書稿見前)。

十月,男銓選保定府推官。

十一月，升山東布政使司參議，分守濟南道。甲辰年冬，已推參議。沈相憾之，留中不發。及是年俸已該升副使，沈相取舊疏發票，計亦巧矣。

丙午，五十三歲。

四月，赴任。七月，入賀。九月，還。

十二月初九日，先君卒于家。十八日，聞訃，即日奔喪。

本道管太山香稅，每年二次淨殿稅銀，除正數外，羨餘五百兩，入布政司公用；又附餘五百兩，爲本道取用。此夙弊也，余俱令作羨餘，入藩司，一毫不取。及余去任後，而附餘復仍舊矣。

丁未，五十四歲。

是歲，守制家居。

戊申，五十五歲。

三月，葬先君。

六月，男鈐卒。遺一子道溥，後亦夭殁。

己酉，五十六歲。

三月，服闋。

庚戌，五十七歲。

三月，起服，赴部。復除山東布政司參議兼僉事，分巡濟南道。

八月，赴任。是月十五日，四男鈴生。

是歲，男銓考選，授浙江道御史。

辛亥，五十八歲。

濟南巡道公費不足，歷年以來，前官交際借用過各屬七百餘金，余皆樽節補還之。

壬子，五十九歲。

四月，升河南按察司副使兼參議，分守汝南道，住札南陽府。

十一月，赴任。

癸丑，六十歲。

是歲，有盜魁張西崗嘯聚百餘人，據南陽、裕州界龍王廟劫掠，遠近州縣皆知而不敢問。余過博望，有耆民十餘人來迎。余詢以民間疾苦，皆欲言而囁嚅。余知不敢言也，乃下輿屏左右，問之，悉得其狀。即檄府州縣，出其不意，密捕之。獲二十七人，置諸法，餘皆解散，一方寧息。

潘大賢者，真陽縣吏也，以事充城旦。乃逃入武當山，遇異人，授以妖術，更姓名爲張道存，傳布其術，誘惑異民。娶泌陽縣民家女，號爲“九天仙女”。在遂平縣民康某家，遠近從教者無慮數千人。男女混雜，夜聚曉散。汝南捕廳緝之，乃逃之湖廣棗陽赤眉山中，百姓從之者益衆。棗陽與唐縣相鄰，其徒黨多南陽人。余密令人往捕之，已獲矣，而其徒數百人劫之去。止獲其妻並妖書數種。余審其妻曰：“爾有何術？呼爲‘九天仙女’？”答曰：“我並無法，只他稱我爲‘九天仙女’，我亦不知。”復問道：“存有何術？”曰：“其法，以手揉人目，即見鬼神往來，我亦不知其故。”即釋之。道存竟不可得，而西方之妖患亦息矣。

甲寅，六十一歲。

桐柏縣有圍山，產礦，利甚厚。世爲豪家張斗南等竊據。縣官陰受其賄，不問也。突有嵩縣礦徒四五百人，來據其上。縣官徐某率鄉兵驅之，其徒挺刃格鬥，鄉兵逃散。礦徒謂縣官曰：“吾欲縛爾，但畏朝廷法耳。”縣官悸，成病，走居襄城。意賊不散，則將逃也。然圍山雖屬桐柏，而東北與泌陽爲鄰。時余在光州陪按院，泌陽李知縣使飛騎來報。余詢其人曰：“賊山中日用飲食何所出？”曰：“山下鄉民日以酒食往賣，且得厚償。”余曰：“此易治耳。”乃給牌三面，仍諭之曰：“爾到縣，前一日出第一牌，向各鄉曉諭：'再不許上山賣酒飯，違者與礦盜同罪。'以第二牌諭山下要路村店曰：'次日，礦徒過此，爾等多備飯食，待之。'次日午時，令典史領三五人上山，呼礦頭謂之曰：'爾等人衆，我亦不來逐爾。但本道已禁山下人，不得賣飯。若再兩日，便當餓死。'仍出第三牌示之，内皆曉諭'安分、保守身家'之言也。"

其人領牌馳去，縣官依其言行之，先禁賣飯者。次日近午，礦徒皆饑，且訝賣飯者不來。稍時，典史至，以其言諭之，且示以牌。其徒相顧錯愕曰："若今日不去，吾輩盡被擒矣。"即時焚舖舍下山而去。行二十餘里至鎮店，居民皆具食待之。礦徒驚曰："爾安知我至而具食也?"其人曰："昨日奉本道老爺牌示，令我輩具食。恐爾等下山饑餒，洩怒于我，焚掠房舍也。"礦徒大驚曰："老爺可謂神算矣，不逐我，不擒我，而又予之食，其恩大矣。"乃厚酬其飯值，東向叩頭而去。予回南陽府，縣官來謁，謂："不動聲色而礦盜解散，地方寧謐，當申報兩院。"余笑而不答。

是歲四月，福藩之國，河南兩院兩司，皆迎於境上。探報者謂："經過地方，兩院迎送，皆道旁一躬，兩司皆跪。"余以爲不可："天子祀郊廟、謁陵，百官不過拱立侍迎。親王不尊于天子，而禮反過之，已爲不可。況兩司之位不爲卑矣，匍匐道旁，士民之瞻視，謂何?"時護送福王，乃洛陽魏少司寇也。余以書予魏公，令啓王，傳免此禮，以成下交之美。魏公不敢啓，余復與藩臬諸公言："吾儕與兩院同班，彼立而我跪，如體統何?"諸公皆搖首，咋舌而不答。余即日移疾，歸南陽。厥後，余分守河北道兼攝河南，以事至洛陽，禮當朝王。典儀者謂："當於殿下拜，兩司皆然。"余謂："臣事君，拜下，禮也。福王雖尊，亦人臣也，此禮必不敢行。"典儀乃啓王，拜於後殿檐前，王從之。自後兩司朝者，皆遵用此禮而不易。此亦見王之賢，而司寇愧於典儀矣。

十二月初二日，恭人李氏卒於南陽。

乙卯，六十二歲。

余以李恭人之變，將歸營葬，乃預借入賀之差。二月，歸里。四月，葬恭人。

六月，繼娶王氏，邑人儒士鳳漸女。

七月，報升山東布政司參政，分守海右道，然河南入賀事未完。七月，入京。九月，回里。是時，山東大荒，而青、登、萊爲甚，民饑盜起。賊張國柱等攻破安丘縣，劫掠庫藏，東人騷動。以□亂〔一〕在旦夕，鄉親皆沮余莫往。余曰：“人臣義在報國，豈可以危亂避之？”遂促裝行。十月抵任。及至青州，饑民擁道，告無所得食。詢其故，曰：“米價甚貴，每斗一錢六分。巡道李爺欲平其價，乃拘富民有粟者，令糶每斗價銀八分，日糶百石，皆爲宗室、秀才搶買，小民不得升合。”入城，見里巷瀟然，市門晝閉。及會巡道，時巡道李湅玉本緯，余同年也。即詢救荒之策，曰：“弟得策矣。米價涌貴，小民無所得食，皆因富民藏粟，以希高價耳。近訪得富家十八人，每人令糶粟二百石，每斗價銀六分。每日糶百石，足以供城中之用矣。”余曰：“城外若何？”曰：“此弟閉門守城足矣，何暇計城外乎？”余曰：“尚有可爲，未必至此也。兩年荒旱，今秋未播麥種，盼望來年七八月，尚有十餘月。富民有粟，亦不過爲自救之計，豈必盡索高價乎？況此十八家，止得粟三千六百石，僅可糶一月有奇，此後更將何如？況每日百石，皆爲有力者所取。小民無食，亂可翹足而待耳，毋謂城中可恃也。”曰：“然則奈何？”余曰：“但去平價之令，則遠方負販者聞米價貴，皆爭趨而來，價自平矣，在城在鄉皆可得食。”渠默，猶以余言爲非也。時按院趙諱日亨在青州，次早同往見之。及門，有鄉約數人，遞陳策曰：“凡民間有粟，許鄉約地方，舉報到官，有百石者，令糶五十石，不從者許諸人搶取。”巡道覽策，鼓掌大喜：“此策正合吾意。”余曰：“爾等，奸民也。若依此策，不一月青州大亂矣。民間有粟，誰知其多少？奸人挾舉報之，令恐嚇騙詐，何所不至？少有不遂，即群起而搶之，豈止搶粟？室中所有，何所不搶？‘搶’之一字，禁之惟恐不嚴，而況倡之乎？且爾爲鄉約者，皆有身家者。爾能報人，人豈不能報爾？不過十日，爾家先破矣。”諸人皆叩首曰：“小人愚民，見不及此，然此策已投按院矣。”及晚，按院批行本道云：“此策甚善，即行三府通行。”余夜間即具稿，力陳必不可行之狀，此議方息。次日，即檄行所屬郡邑：“毋定米價，販米客商至者，所在官司，不許抽稅。”于是，四方之米多有來者，然亦不能賤也。又聞遼東米價甚賤，而海禁甚嚴。余意欲開海禁，而青、登兩巡道皆不敢當。未幾，兩道皆以安丘之變斥去，余兼攝其事，乃始開禁。而遼東之粟至者甚多，登、萊之米頓減半價矣。又爲勸賑之檄，徧行富家，分別旌賞，共得米萬餘石，錢萬餘緡，而民亦賴以少濟焉。

是時，民饑盜起，每日報盜不下十餘件，各州縣官俱請發兵剿捕。余終不發，止令地方官擒之。或問其故，余曰：“民苦無食，所掠不過升斗耳。緩之則散，急之則聚，聚則未易樸〔二〕滅矣。況承平日久，兵無紀律，騷擾之害，有甚于盜。甚且有戮平民以要功者，安可易言發兵也？”然州縣緝捕不能多獲，而盜賊終不衰止。余思之：“民之爲盜，皆貧而有勇者。今雖開廠煮賑，然止老弱癃疾者耳。彼好勇疾貧者，終不免于亂也。”於是，每廠中擇其壯而貧者並賑，一以弭其爲盜之心，一以資其御盜之力。行之月餘而盜賊頓息。

丙辰，六十三歲。

先是，沂水知縣任光統誤聽奸民之言，申報孟哲、孟樸聚眾數千人爲亂，撫臣錢士完據報奏聞。于是，京師咸謂："東省亂矣。"撫臺被效〔三〕而去，聖上發德州倉米二十萬，帑金二十萬，遣御史過庭訓賑濟。是時，凡升遷東省司道，皆不肯來省城，止有臬司一人，又以余攝藩司事。余以爲西三府近倉者多予之米，東三府遠者多予之金，民皆便之。過賑院又疏，請截留漕米六十萬石，東省平糶，每石價銀七錢。比及漕糧到濟上時，已五月之初矣。西三府麥熟，每石價止五錢。東三府得遼東之粟，亦不甚貴，百姓皆不願漕米。時新撫院李長庚、按院畢懋康皆以既奉明旨，不敢不留，又恐失過院意，府縣官屢言不便，皆不允。余與兩院言："今麥甫熟，而價止五錢，過此則當愈賤矣。漕米價銀七錢，誰肯買之？民不欲買，則當貯之官。迫戶部起價，則當強散之小民而追其價，此四十二萬金，何可易辦也？無論將來，此時州縣領米脚價出于何處？一貯一放，弊孔又不勝言。是以濟民者，屬民也。"兩院皆稱其是，而終不肯啓齒。余乃備述其情狀以語，過院慨允，即題免留，而民始不受其害矣。

先是，民間鬻子女者甚多，于是轉鬻于徐淮，謂之"販稍"，鄉紳禁之。余曰："民非甚不得已，孰肯輕棄其骨肉？鬻一人可以救兩三人之命，不猶愈于骈死乎？"卒不禁。

是歲六月間，秋禾極茂，蝗蟲忽起。官民皆憂蝗，不知所爲。未幾，蝗皆飛而赴海死，遂大稔，民多復業者。前沂水所申報孟哲輩亦還，詣道白其誣，乃捕造言斃之。嗚呼！一流言而使海內稱東省之亂，撫臣不得安其位，禍亦烈矣哉！然亦縣官輕信之失也。

初，部議東省救荒有功者，得優叙轉。事既竣，三院皆列薦，銓部亦屢屢向人言，余當內轉，蓋有所求也。余不應，亦終不轉，可以觀世道矣。

是歲秋，蒙陰、高蜜[四]二縣申言，復業小民無麥種，余每縣發贖金一百兩賑之。

當卯辰之冬春，東方蓋岌岌矣。賴聖天子之發粟、發金，各有司之宣力效勞，得以底定。然諸臣或先時而去，或後時而來，其與縣事終始而拮据調停，惟余一人耳。向使後月餘而至，巡道之法不改，則亂；聽州縣之請，發兵捕盜，則亂；不分賑有力者，則盜終不解，亦亂。三者皆弭亂之機，未可與人道也。昔鄭富公守青州，全活流民數萬，每每向人言之。茲役也，分賑弭盜，全活豈止百萬人？然而流離死亡者，亦不能免，方愧職業之有虧，敢向人言哉？

丁巳，六十四歲。

海廟設在萊州，本道主其祀，舊制以仲春、仲秋中旬丁日祀之。余謂：“丁日祭祀孔廟，以文明也；戊日祭社稷，以土屬戊也；中丁祭海神于義何居？”乃更以上旬癸日，蓋癸屬水，而海神亦云癸靈故也。又道臣致祭，拜于堂下。余謂：“海嶽之神，亦與方岳之官等耳。”乃拜于堂上，祀典始正。又海廟遭回祿五年矣，殿宇俱毀，棲神于蓆蓋之中，跪拜于瓦礫[五]之際。余欲新之，乃造《募緣疏》，遣羽流分募于東省，共得數千餘金，亦以贖鍰四百，庀材埏填，未就緒，而余去矣。後數年，聞工猶未竣也。

戊午，六十五歲。

萊州士風薄惡，鄉紳、舉人強奪田產，淫佔妻女，官府莫敢問。余間擇其甚者，處一二人，惡風少戢，黎庶歡呼，而士紳切齒矣。是歲，藩司缺人，余復署其事，凡五十餘日，收放錢糧五萬餘金，羨金四百餘兩。庫役謂余：“當取。”余不答。又謂：“若不取，當報兩院。”余又不答。乃貯之篋中，以付受代者，備不時之用也。後抵省城，問守藏者：“此銀存否？”已不知所在矣。

建酉初發難，議調登州水兵二千五百名援遼。余時兼攝登州道，前往發兵。軍中聲言："欲鼓譟。"府縣皆將倉庫屯守，陸營兵馬，皆披堅執銳，以防不虞。余抵登州，府縣官皆言："兵不可發，發則變生矣。"余詢其故，皆云："水兵憚往遼東也。"一武弁屏人密稟云："此非水兵敢爲亂也，此處鄉紳、舉人、生員，皆有詭籍冒糧者，一聞調發，無人應役，故倡此言耳。"余即出示："援遼兵須年力精壯，武藝精通，方准調發，老幼不堪者俱免發。"營中遂帖然。次日，點選，凡詭冒者，皆稱不堪。余即汰革，另行召選。亦不敢有言，而營伍始清矣。

九月，考滿，授階中大夫，祖父皆贈如其官，祖母贈淑人，母封太淑人，妻李氏、竇氏俱贈淑人。

莒州知州劉昶貪淫不法，余于大計册內注"不謹"。撫院欲舉卓異，兩司各道令余改考。余終不改，大忤撫院之意。

是歲，東省司道開卓異者六人，而余不得與焉。及考察畢，冢宰趙公，萊州人也。謂人曰："張公祖之政，當爲天下第一。不舉卓異，公道安在?"乃違衆，獨舉之。

十一月，升河南按察司按察使兼參議，分守河北道。

己未，六十六歲。

四月，赴任。

是時，以援遼之故，部議河南募兵二萬，派之各州縣募，已將完矣。而按臣楊州鶴至，未至省城，即檄行河南道募毛兵五千名，少林寺僧兵五百名，刻期解發。余時帶管河南道，知其必不可行。乃請以河南府、汝州先募足土民，即改爲毛兵，益以南陽一府可足五千之數，先行解發。撫院允行之，而按院謂："以土兵抵毛兵，非己意也。"遂相齟齬。然兩府一州，募僅足三千耳，乃先發之。而各府之兵，且次第入省候發矣。按院忽變計曰：

"中州疲敝，只發三千足矣，此兵再不必發。"撫院知其暴戾，不可與有言也，乃使司道與言之。余時以發兵在省，同二司往見之。二司皆囁嚅不言，余徐言曰："各府兵將到，何時解發？"曰："已發過三千，河南那得這些兵，只管要發？"余曰："奉旨已久，何以應之？"曰："只説無兵便了，你們大老先生只爲功名，不肯説。我七品小官，定要與他争此，兵必不發。"辭色俱厲，度其不可復言，乃出。見撫院，道其言，撫院云："兵已招足，無不發之理，還藉重列位，再一言之。"次日，復往見，二司又不言。余曰："各府兵不發，將置之何地？"曰："我要河南府設一營以衛福王，衛輝府設一營以衛潞王。"余曰："設二營，將請旨乎？抑徑設乎？"按院低首不言，久之，曰："要請旨。"余曰："既不解兵以無兵辭，恐朝廷以爲此兵從何來？"又低首不言，久之，曰："這等，着他散了罷。"余曰："各兵，有招完四五月者，有兩三月者，近日皆領工食，即今赴省在道，安家行糧俱領矣。皆係正項錢糧支給，兵一散，此項銀兩何以銷算？"又低首不言，久之，曰："着州縣官賠。"余曰："州縣賠銀，取之家乎？取之民乎？"又低首不言，余曰："中州縉紳，在京者多，招兵散兵，必有言之者，恐不便。"曰："依你説，何如？"余曰："只一解發，足完此局。"按院怒且慚，嗔目不答。余等出。府官入見，曰："河北道專要管閑事。"余聞之，即日回懷慶，而兵亦次第發矣。

庚申，六十七歲。

是時，户部侍郎李長庚督遼餉于天津。議造車、買牛、買騾，派之北直、山東、河南之河北三府、山西之冀南，每府有一二千隻者，惟河北三府，每府派七千隻。以向在東省忤其意，以此難之也。余謂："三府民力不堪，此牛不必買。就使買之，送至遼東，水草不服，亦必死亡。"兩次回申，終不允。余是年兼攝糧儲道，小灘監兑本色米十五萬石，每石價派銀九錢。而時價招買，止用五錢五分，共剩餘銀五萬有奇。乃議以此銀買牛，不必攤派，而民力稍蘇矣。及買牛解遼，未及半年，死亡俱盡，卒如余言。而各省所費，豈止數萬也？

七月，入賀萬壽聖節，行次衛輝，聞報，升山東布司右布政使。至定州，聞神宗皇帝訃音。二十八日，至京，入臨。八月初一日，光宗皇帝即位。覃恩授通奉大夫，祖父皆贈如其官，祖母贈夫人，母封太夫人，妻李氏、竇氏俱贈夫人。

九月，還里。

各省入賀官，通省府州縣俱送賻儀，及長夫可三五百金。余凡三次入賀，一無所受。

辛酉，天啓元年，六十八歲。

正月二十五日，五男錠生。

三月，赴任。

四月，聞遼陽陷，男巡按御史銓，罵賊不屈，死之。事聞，贈大理寺卿，謚"忠烈"。後加贈兵部尚書，給三代誥命，廕一子錦衣衛指揮僉事，孫道濬承廕。

五月，升太僕寺卿，管西路事。

余爲藩臬十五年，未嘗取所屬一分紙贖，亦未嘗取行户一物。

壬戌，六十九歲。

七月，升南京大理寺卿。

九月初一日，六男鐄生。

癸亥，七十歲。

五月，請告准回籍終養，加升兵部尚書。

甲子，七十一歲。

乙丑，七十二歲。

十二月二十三日卒。

校勘記

〔一〕"□亂"，底本漫漶。據後文"人臣義在報國，豈可以危亂避之"，當作"危亂"。

〔二〕"樸"，當作"撲"。

〔三〕"效"，當作"効"。

〔四〕"蜜"，當作"密"。

〔五〕"鑠"，當作"礫"。

大司馬張海虹先生文集卷十七

恤典志表

諭祭文

天啓六年十一月二十四日，皇帝遣山西布政使司右參議韓炳衡，諭祭太子太保、兵部尚書張五典并妻夫人李氏、竇氏曰：

惟爾植性端亮，砥行清貞。將命增重于皇華，持籌深裨乎國計。參藩東魯，懋屏翰之徽猷；分臬中州，竪句宣之偉績。爰擢囧牧，展采天閑；正位留卿，蜚聲棘寺。盡瘁王事，靖共一本于赤誠；克念母劬，定省一出于孺慕。兼之子銓殉難，猶見父道教忠。大節既與日月爭光，義方亦並乾坤不朽。特晉樞府，用藉鴻猷。俺聞簀遷，良深悼惻。兹加邊而營兆，敕與配以偕藏。靈爽如存，歆兹茂渥。

下葬文曰：惟爾三朝耆碩，八座崇階。本孝以爲匪躬，教忠益徵庭訓。溘焉委化，俺屆掩封。諭祭載頒，爰及爾配。靈其不昧，尚克偕承。

一祭品：一樣二壇，猪一口，羊一腔，饅頭五分，粉湯五分，果子五色，每色五斤，按酒五盤，鳳雞一隻，煠魚一尾，煠骨一塊，酥餅四個，雞湯一分，魚湯一分，降真香一炷，燭一對，重一斤，焚祝紙百張，酒二瓶。

吏部題：原任南京大理寺卿加升兵部尚書張五典，體國純臣，傳家孝子。皇華使節，分星象于益州；玉笋班行，著霜操于民部。河以南山以東，在在蕭僚而貞度；任觀察任岳伯，往往攬彎而澄清。履岊卿則雲錦成群，克襄數馬之盛；濟棘寺則巢鵲呈瑞，盡消肺石之冤。爲公忘私，蓋赤已葵于天子；移忠于孝，孺慕遂戀于北堂。尤可憫者，好爵不縻，方思綵承歡；庭訓有方，先繡衣殉難。捐軀報國，忠魂含笑于九泉；子逝孫亡，垂白空嗟于一室。應邀特典，用慰幽貞。所據贈廕，既經伊母霍氏具奏，前來相應，題請再照。本官原任南京大理寺寺[一]，加升兵部尚書，合無准贈太子太保？併及録廕，照例准給。

奉聖旨：張五典准贈太子太保，廕一子入監讀書。

禮部題：原任南京大理寺卿加升兵部尚書今贈太子太保張五典恤典一節，除贈廕已經吏部議覆外，爲照本官，忠孝傳家，清貞立品。皇華屢效馳驅，粉署兼聞節省。揚歷藩臬，懋句宣董振之徽猷；晋陟清卿，昭淵塞平反之懿績。精誠既靖共于致君，孺慕復勤渠于將母。誠進事退事交盡，而臣道子道俱光者也。況哲胤效死之孤忠，皆顯考貽謀之令德。生前叨眷渥崇階，已進乎樞機；殁後按彝章恤典，宜優于泉壤。例應與祭二壇，造墳安葬。其妻贈夫人李氏、竇氏，准列名並祭，仍同贈淑人李氏，各照例祔葬等因。

奉聖旨：張五典與祭二壇造墳安葬，其妻贈夫人李氏、竇氏列名並祭，仍同贈淑人李氏，各照例祔葬。

工部題：原任南京大理寺卿加升兵部尚書終養張五典，係二品文官，造墳工價，例應全給。爲照本官，褆躬清白，造品粹精。至孝性成，歡每承乎菽水；純忠天植，節惟礪于素絲。其歷藩臬也，惠深兩省，尸祝到處爭先；其躋寺卿也，望重留都，口碑同然起慕。是惟懿行，乃啓後人。虞庭濺血，羡視死之如歸；家訓傳心，知所生之無忝。論勛德，清評允愜，請恤予厚賜洵宜，其妻贈夫人李氏、竇氏，并贈淑人李氏，應准祔葬。及查本部司屬官員，各有差占，不敷委用，行人司手本開送，行人楊時化前來，堪以差委，相應題請，恭候命下。本部照例給批，限咨行兵部應付。本官前去山西布政司，比號相同，着落當該官吏將合用造墳，工價銀兩，照依後開，擬定數目，行屬派辦，徵給喪家。該司仍委堂上官一員，會同本部差官前去造墳處所，依式督理造葬。畢日，備將給過銀兩數目，造冊奏繳，仍具數報部查考等因。

奉聖旨：是計開已故南京大理寺卿加升兵部尚書終養今贈太子太保張五典，該造墳工料銀二百五十兩，夫匠一百五十名，每名出銀一兩，通共該銀四百兩。

明太子太保兵部尚書海虹張公墓表

賜進士出身、光祿大夫、太子太保、禮部尚書兼文淵閣大學士、奉敕知經筵制誥、總裁實錄玉牒前起居注、日講官、年家晚生黃立極撰

曩遼陽不守，余同年友見平張公，適以直指按部其地，抗節不屈，罵賊而死。事聞，主上痛悼，贈大理寺卿，謚"忠烈"，尋加贈兵部尚書，給三代誥命，廕一子緹騎，以爲人臣死事之報，稱殊典焉。余謂此非偶然，其來必有所自，則于其尊人兵部尚書、加贈太子太保海虹公之行信之。今公且歿，而其孫道濬即緹騎君，持公所自編《年譜》及行遺，求余表其墓。余惟忠孝世道所關，義不得辭，故許其請。其世系、里閈、婚媾，詳誌銘中，不具論，論其大者。

公諱五典，字和衷，別號海虹。生而穎異絕人，幼與貴家兒共研席，有精日者術，貴家命推其子，皆不許，獨大奇公。貴家隨試以書義，應聲而對，亦大奇之。甫舞象，補弟子員，文譽噪起三晉間矣。隨領己卯[二]鄉薦，年纔逾二十。迨壬辰始成進士，淹留孝秀者若而年，蓋天欲老其才也。廷對後官典客冷局，往有

事藩邸，例以金幣酬，受不署婪。公凡封祭四大藩，一鐶不入也，清聲更嶽嶽薦紳間。

會京兆録士，公應聘，以一經分校，所收皆魁宿士其第一人，則公所物色也，一時推爲得人。考選屆期，衆心擬公必居臺省。時有銜之者，止得民部郎，非其公矣。公怡然曰：“人臣起家事主，無地不可報塞，奚必臺省？”益冰蘗自矢，茂勉乃職，目擊時事，意所不可，義形于色。值政府所庇非人，不執其咎，匿而嫁之上。

公投之書，效古人王汝大諫之義，至引李林甫、盧杞、秦檜、賈似道爲規，聞者驚駭，舌撟不下，政府深憾之。會當推少參，留中不發，故迂其期，而仍從山東少參之推，則巧示中之之意也。未久，以外艱歸。服闋，復補前地。第易守而巡，然捐香羨補公費，節省業已不貲。故隨有河南憲副之擢，分守汝南。汝穎，故盜藪，渠魁張西崗聚衆行劫，州縣不敢問。真陽小吏潘大賢，以妖術惑衆，遠邇嚮應，則黃巾之故事也。公設法捕獲，雖間有逸者，而一方靖矣。此輩猶不足慮，礦盜實繁有徒，以四五百人突聚桐柏，令且走避之。所鄰泌陽令以報公，公謂：“盜豈能裹糧負甑而行？不過取給鄉民，而厚其償耳。吾禁其賣，當奈何？”乃給三牌，一牌禁上山賣飯，以驅之去；一牌令備飯要路，以速其行；一牌復諭以安分守身之言。盜果解散，一如公料。而卒不申報，上官以爲功。

及升山東大參，值大荒，淺識者謂：“富民藏糈不售，坐徼高價，宜令以賤值糶其半。不者，闌出無問。”公謂：“昔人麥熟敵至，猶禁芟非主，豈以資敵哉？懼亂耳。一令强糶，何所不至？是誨盜也，必不可行。”乃議不拘定價而商米來，不嚴海禁而遼米到，米稍足用。而賑臺又疏請留漕米六十萬石，令東省平糶價，限七錢。意固甚善，乃米至，而麥已熟矣，止值五錢。舍自有之賤麥，領漕運之貴糧，名利不實害乎？公力請當事，乃得免。其苦心爲民，不徇體面有如此。

至再以憲長蒞河南，折按臣力阻發兵之愎，蘇三府多派牛騾之苦，爲地方造福，不一而足。夫國家難任之事，無如凶荒、盜賊。公兩地皆始終其事，咸以正直梗亮之心，運深沉果練之猷，不動聲色，措之安瀾，豈尋常可企及哉？此猶宦迹，人所共知表揚者也，當取其未發者而闡揚之。

方遼事孔亟，忠烈公從江右受監軍命，便道過里，適丁公誕辰。忠烈公意少緩三日行期，稱公膝下觴，公促之曰：“疆場勢危，非臣子盡私情之時。”遂即日就道。及聞遼陷，訃報未至，公即痛哭曰：“吾兒必不生。”相信若此，素所爲庭訓者，不可知乎？其在囧寺及留都，前後四疏乞歸，則實爲母太夫人年近百齡，一日不可失也。惟忠與孝公實全具，宜有忠烈公爲之子。

余叨處揆席，每屈指當世奇節之士，如公橋梓者蓋少。故特表而出之，爲世道風。

明故太子太保兵部尚書海虹張公配夫人李氏竇氏淑人李氏合葬墓誌銘

賜進士第、資善大夫、南京都察院掌院事右都御史、前奉敕巡撫陝西、太常寺少卿、浙江道監察御史年弟喬應甲撰

天啓乙丑十二月二十三日，兵部尚書張公卒。越明年首夏，予以御史大夫奉命總留臺，便道過里門，爲位以哭其冢。孫司隸公道潛衰毀手行略，長泣乞銘，曰：“此先子之治命也，微先生無以不朽先子。”予於公爲同年友，又忠烈公同臺論天下事，爲朝廷摘大奸建大議，同志而相視莫逆也。知公者，宜莫如予，抑又何辭焉？

公諱五典，字和衷，別號海虹。先世陽城匠里人，國初徙沁水，世世力田孝弟。遠祖聰，領永樂丁酉鄉試。聰生鸞，鸞生騰，邑廩生。騰生倫，以山海訓、盧氏諭，兩祀名宦。倫生謙光，爲公祖，邑廩生，累贈大理寺卿。謙光生官，庠生，以公累封戶部郎中，贈山東右布政使，以忠烈公加贈兵部尚書，公父也。丈夫子四人：伯公；次五美，禮部儒士；五常；五服，貢士，威縣令。公少穎敏，體志高亮。十六業成，入庠，攻苦食貧。二十二始委禽，婚李夫人。己卯舉于鄉，偃蹇公車者久之。

壬辰成進士，授行人。冊藩封者四，滿九載，考，爲墨吏所搆，授計部郎，督天津餉。稅監棍役，擾市廛者，公屬折之，免運官掛欠，于今爲例。三年積存十六萬餘而不以節省報，同舍郎服其正平得大體。出參藩東省，例有香稅，歲五百金爲常。公且憂歸，概與謝絕，曰："吾何携太山金也。"

壬子，河南盜作，南陽、裕州幾不可問。妖人携"九天玄女"術，曉夜嘯聚，男女爲奸。嵩縣礦徒數百人，據桐柏圍山，官兵持鬪不已。廷議授公節，分守汝南。公除騶從，按彎行其罰，撫安其耆老，徐捕二三首惡，火其書，刑其妖婦，禁奸民。礦徒因緣爲利者，眾散歸農。是役也，稍急名心，治旅以勝之，徐鴻儒之變，不俟究東起矣。

福藩以先皇帝愛子分桐之國，百官境迎道跽，公持天子郊廟百官陪祭禮，止肅立道左。後有事洛陽，又持天子拜下之禮，拜于堂土[三]，二司遂以爲例。

乙卯，東省無歲，盜起安丘，劫掠庫藏，守者有減糶之令，而米價騰涌，城門晝閉。廷議晉公參知守三府，公至急爭而得之，平市價，除海禁，商販四集，遼船泛海，樓櫓相接，復下勸賑之檄，寬捕盜之網，曰："吾赤子亡賴，饑食所迫耳。"擇其貧且壯有力者，與老弱共粥而爲暴者，藉以御暴。先皇帝發帑金、臨德之粟，遣繡使出賑。公衷地里以廣德意，近者給粟，遠者分金，齊民便之。使臣又疏留漕米六十萬，已奉旨報可。而二麥登場，市價減于米價，兩臺司府皆知留漕之以屬民也，而難于奉旨，不敢爭。公獨備述其狀，爲饑民請命使院，再疏免留。後先三年，流民賴公以存活者數百萬計。

建夷作難，登萊水兵檄調東援。公簡其精銳，汰其柔脆者，影役之穴一清。而巨室不無騰怨，且以計冊下考，注兩臺之私，臺使銜之，不與卓異之舉。太宰東萊趙公習公久，曰："張公祖之政，當爲天下第一。"違衆特舉，與三代誥命，祖父皆如公官，改公觀察河南。時開鐵陷亡，軍書旁午，河北三府買牛至二萬餘隻。公移文餉部，略云："物生水土各宜，梁豫之産，不長于醫巫閭，溝中填委，夫何爲者？"爭之不得。適監兌小灘糧餉，節省剩餘得五萬金，遂買牛足額，民無加派，而軍需以辦。其後，以牛解遼者，未抵榆關，死亡大半，而遼事大壞。公以入賀，拜山東右布政使，光廟覃恩，晋通奉大夫，祖父如公官。屬有遼陽之難，長公殉城死之。今皇帝惻然唁悼，推原所生，晋公太僕寺卿，已晋南大理寺卿。

以太夫人春秋高，屢請歸養。天子許之，加升兵部尚書。公夙夜定省，遂以勞瘁殞。訃聞，上悼公忠孝，特贈太子太保，祭葬、錄廕，稱備典云。

嗚乎！公介守拙宦，徘徊郎署、藩臬三十餘年。初仕使垣俸薄，而征逐好會，非稱貸不足供資斧。公與不佞雅相慕尚，謝一切濫交，門無雜賓客，終身受用，實基于此。資望既隆，聲實日茂，時相耽耽，欲籠致爲用，而不及其門。乙巳之察，欽留臺省，公抗言上書責政府。讀其書，至林甫、杞、檜等言，令人吐舌不能收。當忠烈公遼之役，過里，爲公壽修爵。公叱馭以東，曰："陛下東顧旰食，豈爲人臣子燕飲時耶？"迨遼陷報至，公舉手長息曰："孺子得死所矣。"嗚乎！忠烈公罵賊殉國，至令逆酋生而羅拜，歿而神明之，伏臘香火與關聖帝君等。逆芳嚙指相戒曰："吾公之子也。"司隸公痛切不共，請兵圖讐，天子嘉予。是父是子，克盡忠孝，夫誰謂"芝無根而醴無源"也？

公生于嘉靖甲寅年正月十七日，卒于天啓乙丑年十二月二十三日，壽七十二歲。元配李氏，生于嘉靖丁巳年正月三十日，卒于萬曆甲丑[四]年十一月初九日，累贈夫人。繼竇氏，生于嘉靖乙丑年十一月十六日，卒于萬曆甲午年正月二十九日，累贈夫人。再繼李氏，生于萬曆乙亥年十月二十二日，卒于萬曆甲寅年十二月初二日，累贈淑人。又繼王氏，累封夫人。

生子六：伯銓，即忠烈公，萬曆甲辰進士，任浙江道監察御史，歷巡川、陝、江右監遼軍事，死難。晉贈資善大夫、兵部尚書，諡"忠烈"。娶霍氏，累封夫人，儒士三元女，元配李出。銘，萬曆癸卯舉人，娶劉氏，貢生用相女，工部尚書莊靖公孫女；鉁，國子生，娶孫氏，兵部左侍郎居相女，俱竇出。鈶，娶王氏，舉人洽女，李出。銫，聘王氏，貢生維城女；鐘，聘王氏，庠生洋女，俱王出。

女五：長，竇出。適庠生王鴻編。吏部尚書國光孫，長史兆星子。次，李出。適庠生郭墾，泰安縣知縣士英子。次，適庠生馬如蛟，光祿署正世德子。餘王出，幼未字。

孫男七：長，即司隸公道濬，以忠烈公，廕錦衣衛，歷升南堂指揮使，有文武略，事業未可量云。娶何氏，累贈淑人，庠生浩女。繼竇氏，累封淑人，庠生嘉猷女。道濟，恩生，娶賈氏，舉人希雒女，繼竇氏，庠生如珂女。道澤，恩生，娶劉氏，貢生韓女。繼朱氏，代府奉國將軍充鱫女。道法，娶楊氏，大理寺評事瀚女。道澄，娶楊氏，庠生洌女，副使植孫女。道瀗，聘馬氏，庠生騰蛟女。道湜，聘王氏，庠生鴻編女。道濬、道濟、道澤、道法、道澄，皆銓出。道濟，嗣叔鉿。道澤，嗣叔鈐。道濺、道湜皆鉁出。

孫女四：爲銓出者，一適陝西按察使賈之鳳子庠生益淳，一字河南道監察御史楊新期子蜀才。爲鉁出者，一字青州府知府韓肫仁孫，庠生瑁子萬户，一幼。

曾孫男三：棨，聘于氏，舉人琇女。棻，聘苗氏，户部主事胙土。槃，聘李氏，順天府尹春茂子庠生璞女。俱道濬出也。

卜以天啓六年十二月初四日，葬公，三夫人皆諭祭附焉。

喬應甲曰：夫子不語怪，乃不夢周公若有憾焉。兩楹之奠，呼賜來而與語，則何也？以公之垣衷質行，得遊洙泗之壇，當揖仲弓、伯牛氏齊肩入室，其以七十二而卒。先之日夢配于尼父也，豈偶然耶？公所著《格言》、《質言》、《迂言》、詩文，藏于家。嗚乎！忠孝之節，光裕之休，社稷之烈，公兼備而無憾。如公者，死可以不死，其庶乎！死可矣。銘曰：

爲清吏難，難不苟細。公凜四知，峻而無激。爲循吏難，難不軟熟。公切保赤，辦而無黷。玉樹芝蘭，濟美且賢。無涯之智，結爲大年。黃壚青史，日月常鮮。我忠烈公，正氣無之不溟薄，英魂無處不發皇。公其携手，行霍徜徉。天子且易公名，豐公碑，廣公之隧。嗚乎！藉公之餘，以啓祐公孫子。我銘不朽，百世仰止。

校勘記

〔一〕"寺寺"，疑當作"寺卿"。
〔二〕"己卯"，據本書卷十六作者自編《年譜》當作"癸酉"。
〔三〕"堂土"，疑當作"堂上"。
〔四〕"萬曆甲丑"，據《年譜》當作"萬曆丁丑"。